내가 만약 주인공이라면 **어떤 일기**를 쓰게 될까?

_____학년 _____반 _____번

이름 : _____

1부 **골 때리는 친구들**

01. 골 때리는 친구들 ... 8
02. 거짓 비행기의 꿈 ... 16
03. 사라진 선물 상자 ... 22
04. 킥보드 말고, 킥복싱! ... 28
05. 그만 베껴 도원영! ... 34

2부 **사랑의 규칙**

06. 사랑의 규칙 ... 42
07. 어디 갔지? 내 보물! ... 48
08. 비웃지 말라고! ... 54
09. 알쏭달쏭? 동물원! ... 60
10. 상처 입은 자전거 ... 66

3부 종이 냄새

11. 범인은 이곳에 있어! ... 74
12. 세상에 똑같은 건 없어! ... 80
13. 패배의 승리! ... 86
14. 카페 번? 카페 번! ... 92
15. 종이 냄새 ... 98

4부 뒤바뀐 축구공

16. 대청소가 불러온 소동 ... 106
17. 부러진 날개 ... 112
18. 어디 갔지! 내 킥보드? ... 118
19. 샌드위치와 하이에나들 ... 124
20. 뒤바뀐 축구공 ... 130

5부 수상한 독서광

21. 수상한 독서광 ... 138
22. 스러진 우정 ... 144
23. 놓쳐 버린 물고기들 ... 150
24. 울음소리가 들려! ... 156
25. 오! 인어공주! 어? 인어공주? ... 162

> "착각은 짧고, 오해는 길다
> 착각은 자유지만, 오해는 금물이다
>
> -〈응답하라 1988〉 중에서

이름 정삼식   나의 기분 **미안함** ☀ ☁ ☂ ❄

제목: 골 때리는 친구들

　　도원영은 내 친구다. 풋살을 엄청 좋아했다. 사람들을 볼 때마다 풋살을 하자고

했다. 심지어 교장 선생님께도 풋살을 하자고 졸랐다. 그건 좀 건방져 보였다.

　　'저 녀석 코를 한번 납작하게 만들어 줘야 할 텐데….'

　　오늘도 어김없이 나한테도 물어 왔다.

　　"정삼식, 풋살 콜?"

원영이는 나 없인 풋살을 하지 않았다. 왜냐하면 나의 도움 없이는 거의 골을 못 넣기 때문이었다. 나는 우리 학년 최고의 패스 왕으로 불렸다. 그러니 원영이가 골을 넣으려면 내가 반드시 필요했다. 그런 원영이를 오늘따라 좀 골려 주고 싶어졌다.

"그래, 근데 공격수 시켜 주면 하고~"

"아, 왜?! 넌 패스 잘하잖아!"

원영이는 잠시 생각에 잠겼다. 그러고는 결국 자신이 미드필더를 하겠다고 했다.

우리는 점심시간에 체육관으로 갔다. 상대 팀은 모두 모여 있었다. 곧바로 경기를 시작했다. 나는 앞쪽으로 치고 나갔다. 발을 뻗어 원영이가 차 준 공을 잡으려 했다. 하지만 원영이가 너무 세게 차서 공은 경기장 밖으로 날아갔다.

"야, 도원영 짧게 차라고, 짧게!"

골 때리는 친구들

우리는 연속으로 세 골을 내줬다. 원영이는 단독으로 드리블을 해 나갔다. 하지만 상대편에 계속 가로막혔다. 나는 원영이에게 말했다.

"아니, 혼자서 뭘 어쩌겠다는 거야. 패스하라고 패스!!"

"네가 공을 못 잡으니까 슛도 못 날리는 거 아니야. 그냥 내가 공격수 했으면 우리가 3:0으로 이기고 있었을걸?"

원영이는 골을 못 넣는 걸 내 탓이라고 했다. 그래서 우리는 포지션을 다시 바꿨다. 나는 도원영처럼 똑같이 패스를 세게 날렸다. 원영이도 똑같이 공을 못 잡았다. 공격 기회는 계속 상대방에게 넘어갔다.

'너도 똑같이 당해 봐라!'

우리는 한동안 말없이 경기를 계속 했다. 패스는 제대로 이어지지 못했다. 따라서 득점도 없었다. 상대 팀은 일방적으로 슛을 날렸다. 속수무책으로 골이 들어갔다. 같이 뛰던 친구들도 이제는 반쯤 포기한 얼굴이었다.

'어떡하지... 어떻게든 한 골이라도 넣어야만 해!'

경기 종료 직전 마지막 기회가 왔다. 나는 한 골이라도 넣기 위해 원영이에게 패스하려고 했다. 그런데, 순간 다리에 힘이 너무 많이 들어가 버렸다. 공은 직선으로 날아가 원영이 얼굴에 정통으로 꽂혔다. 원영이는 공을 맞고 뒤로 넘어갔다. 누워 있는 원영이의 얼굴에선 피가 흐르고 있었다.

"원영아, 괜찮아? 힘이 너무 많이 들어갔나 봐...."

원영이는 말없이 몸을 일으켜 앉았다. 코피가 원영이의 바지춤에 떨어졌다. 핏방울을 본 원영이는 곧바로 울음을 터트렸다. 나는 원영이를 일으키기 위해 팔을 잡으려 했다. 하지만 원영이는 내 손을 뿌리쳤다.

"야! 정삼식, 너 일부러 그랬지? 필요 없어, 저리 가!!"

"아니, 내가 그러려고 그런 게 아니라...."

원영이가 얄밉게 말한 건 있지만, 그것 때문에 그런 건 아니었다. 정말 실수로 세게 차 버린 거였다. 나는 원영이에게 미안하다는 말을 하지 못했다.

오늘은 정말 최악의 하루였다. 풋살 경기도 지고, 친구도 다치게 하고, 원영이는 내가 일부러 그랬다고 오해하고 있다. 으, 억울해! 그래도 내일 원영이한테 사과해야겠다.

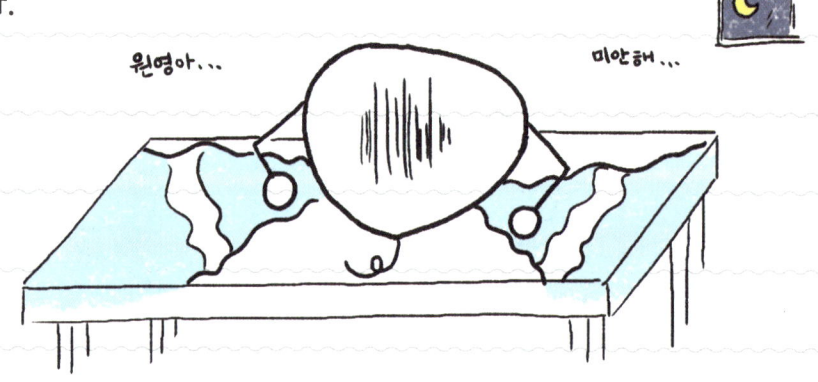

써 보기 **원영이의 일기**

예시

제목: 골 때리는 삼식이!

20 24 . 5 . 31 금요일 ☀ ☁ ☂ ❄

> 1. 일기의 주인공을 확인해 주세요.
> 2. 나만의 멋진 제목을 지어 보세요.
> 3. 일기의 주인공이 되어 자유롭게 써 보세요.
> 4. 참 잘했어요! 자신이 쓴 일기를 읽어 보아요~

정삼식! 네가 그럴 줄은 몰랐다! 어떻게.. 나한테 이럴 수가 있냐! 나는 네가 공격수가 하고 싶다고 해서 양보까지 해 줬는데, 내가 패스를 못 한다고 화만 내고, 나도 미드필더를 해 본 적이 없어서 그런 거 아니겠어? 그러니까 그냥 내가 공격수 하게 해 줬으면 이겼을 거 아니야! 그리고 치사하게 일부러 세게 차서 내가 못 잡게 하려는 건 너무한 거 아니냐? 너는 패스를 잘하고, 나는 슛을 잘하니까 서로가 잘하는 것을 하는 게 맞지! 그렇게 서로 힘을 합쳤으면 쉽게 이겼을 거야!

또, 마지막에 내 얼굴에 공을 차다니! 이건 완전 배신이다! 난 삼식이 너를 믿었는데.. 결국 코피까지 나고 앞으로 네가 주는 공 못 잡을 거 같아. 사과도 안 하고 그냥 가버리고! 이젠 너랑 풋살 안 할 거야! 근데 패스는 삼식이가 ~

✏ 원영이의 일기를 상상하여 써 보세요.

자! 그럼 지금부터
직접 써 볼까요??

써 보기 원영이의 일기

제목:

20   .   .   요일   ☀ ☁ ☂ ❄

✏ 원영이의 일기를 상상하여 써 보세요.

이름 **도원영**   나의 기분 **죄책감** ☀ ☁ ☂ ❄

제목: 거짓 비행기의 꿈

삼식이의 꿈은 비행기 조종사다. 어렸을 때부터 하늘을 날고 싶다고 했다. 조종사가 되기 위해선 비행기에 대해 잘 알아야 했다. 그래서 삼식이는 <모형 비행기 만들기> 동아리에 들어갔다. 그리고 오늘은 모형 비행기 전시회가 있는 날이었다.

"원영아~ 오늘 전시회 올 거지? 내 비행기 구경하러 와~"

"그래, 구경하러 갈게!"

나는 풋살을 포기하고 전시회장으로 갔다. 수많은 비행기가 전시되어 있었다. 모양도, 크기도, 색깔도 모두 각양각색이었다. 그중에서 가장 눈에 띄는 비행기는 바로 삼식이의 비행기였다.

"이건 말이지. 고무 동력 비행기라는 거야. 진짜로 날 수 있다고!"

'설마 진짜 날 수 있겠어? 종이비행기처럼 그냥 천천히 떨어지는 거겠지?'

삼식이는 내게 자신의 비행기를 자랑했다. 날개가 어쩌고저쩌고, 몸통을 이렇게 잡고, 프로펠러를 이렇게 감으면… 하늘 높이 올라간다고 했다.

'에이, 정말 하늘 높이 올라간다고? 거짓말이겠지….'

그때, 선생님이 친구들을 불러 모았다. 삼식이와 친구들은 선생님께 가 버렸다.

"자, 이건 '물 로켓'이라는 거예요~"

거짓 비행기의 꿈

나는 로켓보다도 삼식이의 비행기가 날 수 있는지가 더 궁금했다. 나는 삼식이의 비행기를 두 손으로 집어 들었다. 엄청 가벼웠다. 한 손으로, 아니 손가락만으로도 들 수 있었다. 나는 삼식이가 말해 준 대로 몸통 부분을 잡고, 프로펠러를 빙글빙글 감았다. 몸통 부분에 있던 고무줄이 꼬아지기 시작했다. 나는 사람들이 없는 쪽으로 비행기를 날렸다. '하나… 둘… 셋!'

비행기는 내 손을 떠나 허공을 갈랐다. 그러더니 바람을 타고 점점 위로 솟아올랐다. 비행기는 바닥으로 향하지 않고, 천장으로 향했다. 진짜 날아오르는 비행기였다!

'맙소사! 진짜 날잖아?!'

나는 믿을 수가 없었다. 한참을 비행기만 바라봤다. 그런데 문제는 비행기가 내려올 줄을 모른다는 거였다. 공중을 맴돌던 비행기는 전시장 벽에 '쿵' 하고 부딪쳤다.

나는 비행기를 잡으러 뛰어갔다. 하지만 비행기는 이미 땅바닥에 떨어져 있었다. 날개는 찢어져 있었고, 프로펠러는 뽑혀 있었다. 나는 주변을 살폈다. 비행기 날개를 티 나지 않게 붙였다. 프로펠러도 다시 꽂아 두었다.

'다행이다. 아무도 못 봤겠지?'

나는 비행기를 제자리에 올려 뒀다. 그리고 후다닥 물 로켓을 구경하러 갔다.

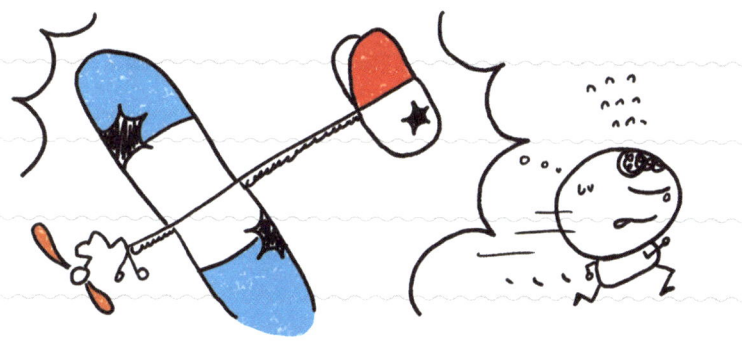

우리는 로켓 구경을 마치고, 다시 비행기를 구경하러 흩어졌다. 그러다 갑자기 삼식이가 화내는 소리가 들렸다. 삼식이의 비행기를 구경하던 친구는 찬민이었다. 찬민이는 당황해서 말끝을 흐렸다.

"아니... 내가 왔을 땐 이미 부서져 있었다고...."

"가만히 있던 비행기가 어떻게 저절로 부서졌겠냐!!"

거짓 비행기의 꿈

화가 난 삼식이는 다른 친구들에게도 물어보고 다녔다. 하지만 아무도 아는 사람이 없었다. 그리고 결국 내게 와서 물었다.

"도원영! 너 혹시 비행기 만진 사람 봤어?"

"어... 아니, 난 못 봤는데? 모르겠다. 나도 로켓 구경하느라... 찬민이, 찬민이가 마지막에 만졌으니 찬민이가 알겠지...."

삼식이는 나를 의심하는 것 같았다. 나는 하루 종일 마음이 조마조마했다. 삼식이의 비행기를 부서트린 것도, 거짓말을 한 것도, 그리고 찬민이에게 누명을 씌운 것도 죄책감이 들었다.

비행기를 부서트릴 생각은 없었다. 비행기가 제멋대로 벽에 부딪친 것 뿐이다. 이건 사고였고, 실수였다. 삼식이가 나를 오해하지 않았으면 좋겠다.

써 보기 삼식이의 일기

제목:

20 . .   요일

✎ 삼식이의 일기를 상상하여 써 보세요.

이름 정삼식　나의 기분 당황스러움

제목: 사라진 선물 상자

"찬민아, 다래 생일 선물 좀 전해 줄래?" 나는 이 말을 할 때까지만 해도 진짜로 선물 상자가 사라질 줄은 상상도 못 했다. 찬민이에게 건넨 선물 상자가 감쪽같이 사라지다니! 믿었던 친구에게 배신을 당한다면 이런 기분일까? 나는 찬민이가 생일 선물을 가져간 건 아닐까 의심했었다.

흔들~ 흔들~, 찬민이는 받아 든 선물 상자를 흔들어 봤다. 이리저리 돌려가며 안에 든 물건을 궁금해했다. 찬민이가 포장지를 계속 만지작거렸다. 궁금해 하는 눈치기에, 나는 하는 수 없이 '색연필 세트'라고 말해 주었다.

바로 그 순간! 찬민이의 눈빛이 달라졌다. 찬민이의 눈동자가 왕방울처럼 커지더니, 알 수 없는 표정을 지었다.

"삼식아! 선물 상자 한번 열어 봐도 돼?"라고 찬민이가 물었다. 나는 선물의 주인인 다래가 먼저 열어 봐야 한다고 했다. 찬민이는 아쉬운 표정으로 선물 상자를 가방에 넣었다.

사라진 선물 상자

그 후로 얼마쯤 지나서였을까? 찬민이는 자신이 자리를 비운 사이에 선물 상자가 사라졌다고 했다. 나는 그 말이 사실인지 두 귀를 믿을 수 없었다.

'이... 이럴 수가.... 정말 사라진 게 맞을까?'

내 마음속에선 찬민이가 거짓말하는 게 아닐까 하는 의심이 피어나기 시작했다.

그럼에도 나는 선물 상자를 찾아다녔다. 교실 구석구석 샅샅이 뒤져 보았다. 심지어 쓰레기장까지 갔다. 더러운 쓰레기 데미를 헤집어 가며 찾았지만 찾을 수 없었다.

찬민이와 나는 터덜터덜 교실로 돌아왔다. 자리에 앉으려는데 찬민이의 가방이 눈에 들어왔다. 좀 수상할 정도로 불룩 튀어나와 있었다. 네모지고 각진 무언가가 들어 있는 것처럼 보였다.

'혹시… 찬민이가 가지고 있으면서 거짓말을 한 건 아닐까?'

나는 정말 혼란스러웠다. 찬민이한테 가서 직접 가방을 보여 달라고 말해야 될지, 아니면 몰래 가방을 훔쳐봐야 할지 고민이 되었다. 내 마음속의 의심은 눈덩이처럼 점점 커져만 갔다.

'그래! 결심했어.'

나는 찬민이를 조심히 따라갔다. 마침 찬민이는 가방을 들고 도서관에 가고 있었다. 나는 들키지 않기 위해 최대한 멀리 떨어져 걸었다.

찬민이는 책상에 가방을 올려 두고, 책을 찾으러 갔다. '바로 지금이다!' 나는 찬민이의 가방을 조심스레 열어 봤다.

오 마이 갓!! 세상에 어떻게 이럴 수가! 찬민이의 가방에는 선물 상자와 똑같은 크기의 두꺼운 책이 들어 있었다. 어떻게 우연이라도 이럴 수가 있지 싶었다. 나는 믿을 수 없어서 책을 꺼내고, 가방 속을 더 뒤져 봤다.

그런데 그때, 뒤에서 낯익은 목소리가 들려왔다. 찬민이었다.

"너 지금 뭐 해?! 내 가방을 뒤지고 있던 거야?"

'교우이신'이라고 했던가? 친구를 사귈 땐 믿음으로 사귀라고 했는데.... 나는 친구를 믿지 못했다. 나는 대충 둘러대고 찬민이를 피해 교실로 도망쳐 갔다. 허겁지겁 달려가다 다래와 마주쳤다. 다래가 뛰어가는 나를 향해 소리쳤다.

"삼식아! 선물 고마워!! 내가 '색연필 세트' 갖고 싶었던 거 어떻게 알았어?!"

아뿔싸!! 설마, 선물 상자를 가져간 사람이 다래였다고? 나는 망치로 머리를 맞은 것처럼 멍하니 복도에 서 있었다.

써 보기 찬민이의 일기

제목:

20 . .   요일

✏️ 찬민이의 일기를 상상하여 써 보세요.

이름 **정삼식** 나의 기분 **의기양양함** ☀ ☁ ☂ ❄

제목: **킥보드 말고, 킥복싱!**

"우욱! 이게 도대체 무슨 냄새야?" 시큼하고 꿉꿉한 냄새가 코끝을 찔렀다. 나는 처음 와 보는 복싱장 풍경에 놀랐다. 거친 숨소리와 샌드백을 치는 소리만이 복싱장을 가득 채우고 있었다.

어느새, 다래는 어디서 가져왔는지 모를 운동복과 글러브를 내게 건넸다.

"자, 정삼식 준비됐지? 링 위로 따라 올라와!"

다래는 링을 둘러싼 줄을 서슴없이 넘었다. 우리가 어쩌다 복싱 대결을 하게 되었을까? 이유는 단 하나였다. 다래의 근거 없는 자신감! 다래가 나를 도발하는 말, 바로 그 말 때문이었다.

"삼식이 넌 나한테 한주먹거리도 안 되긴 하지~"라고 말했었다.

그래, 오늘은 기필코 누가 한주먹거리인지 확실히 알려 주겠어!

삐익-! 복싱장 관장님이 호루라기를 불었다. 뾰족한 소리가 복싱장 한가운데를 가로질렀다. 자, 덤벼라 조다래!

우리는 웃음기 없이 서로를 노려봤다. 옆걸음을 치며, 링 위를 동그랗게 돌았다.

다래의 선제공격이 날아왔다. 나는 가볍게 몸을 움직여 피했다. 그 이후로도 몇 차례 다래의 펀치가 날아왔지만 나를 맞힐 순 없었다.

"야, 정삼식! 장난치지 말고 어서 덤벼! 평소에는 잘만 까불더니!"

다래는 나를 얕잡아 보며 또다시 도발해 왔다. 나는 슬슬 열이 오르기 시작했다.

'어쭈? 어디 한번 제대로 해볼까나~?'

나는 전력을 다해 주먹을 날렸다. 쉴 틈 없는 공격에 다래는 점점 링 구석으로 쫓겨났다. 구석에 몰린 다래는 내 주먹을 막기 급급했다. 그때! 순간 방심한 틈을 타 다래의 펀치가 날아왔다!

아뿔싸! 이... 이거 큰일이다!! 나는 다래의 강력한 펀치를 맞자 정신이 번쩍 들었다. 아무래도 다래는 나한테 진심으로 화가 나 있는 것 같았다.

"우이씨~ 정삼식! 매일 나 놀리고 도망가더니! 아주 잘 됐다. 오늘 혼 좀 나 바라!!"

다래는 말이 끝나기 무섭게 나한테 달려들었다. 거침없는 주먹질에 나는 방어 말고는 할 수 있는 게 없었다.

나는 다래의 공격을 피해 가며 속으로 생각했다. 도대체 내가 언제 놀렸다는 거야? 그리고 내가 언제 까불었다는 걸까? 나는 다래의 말을 이해할 수 없었다.

순간!! 무아지경으로 공격만 하던 다래한테 빈틈이 생겼다. 나는 이 기회를 놓치지 않고, 온 힘을 다해 돌려차기를 날렸다.

"으아악!! 받아라!!"

꽈당! 쿵-쾅!! 다래는 균형을 잃고, 링 바닥 위로 내동댕이쳐졌다.

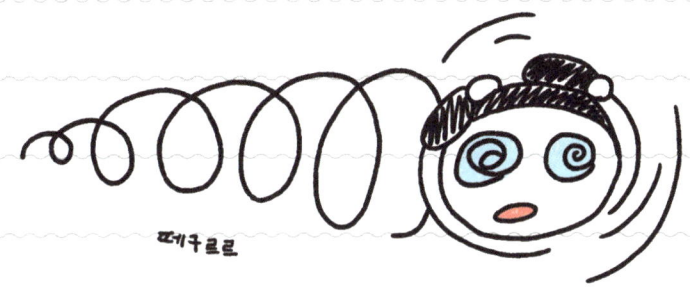

"크하하하! 역시 넌 내 상대가 안 돼~ 조다래!"

난 쓰러져 있는 다래를 내려다보며 말했다. 그 말을 들은 다래는 눈 깜짝할 사이에 벌떡 일어나 나에게 뛰어들었다. 다래의 눈에서는 불꽃이 일었고, 분노의 주먹을 나한테 날리며 소리쳤다.

"정삼식!!! 용서 못 해!!!"

에잉?! 그런데 이게 웬걸? 다래의 무모한 마지막 일격은 내가 한 걸음만 옆으로 움직이자 쉽게 피해졌다. 다래는 그대로 앞으로 고꾸라져 넘어졌다. 다래는 바닥에 얼굴을 파묻고 흐느껴 울었다.

"으아아앙! 약 올라! 분하다!! 정삼식 코를 납작하게 해 주고 싶었는데!!"

다래는 나한테 왜 이러는 걸까? 내가 뭐 잘못한 거라도 있나?

"그러게 누가 덤비래~ 넌 나한테 상대가 안 돼~"

"봐, 봐! 또, 또! 날 무시하잖아!!"

"아... 아니... 그런 게 아니라~ 장난이지 장난~"

'다래는 평소에 나한테 쌓인 게 많은 듯했다. 난 장난이었는데....'

좀 져줄 걸 그랬나? 다래한테 미안한 마음이 조금은 들었다. 그래도 다래야, 이젠 누가 한주먹거리인지 알겠지?

써 보기   **다래의 일기**

제목:

20 . .   요일   ☀ ☁ ☂ ❄

✏ 다래의 일기를 상상하여 써 보세요.

| 이름 정삼식 | 나의 기분 무안함 ☀ ☁ ☂ ❄ |

제목: 그만 베껴 도원영!

친구가 내 그림을 자꾸 훔쳐본다고? 남의 그림을 베끼는 건 당연히 잘못된 일이다. 나는 기분이 나빴고, 결국 참지 못하고 원영이한테 화를 냈다.

원영이는 왜 계속 나를 힐끗힐끗 쳐다봤을까? 내가 그리는 걸 따라 그리려고 한 건 아닐까? 원영이에 대한 오해는 점점 쌓여만 갔었다.

"자, 오늘은 자유롭게 그림을 그려서 제출하세요!"

나는 무슨 그림을 그려야 할지 고민했다. 한참을 고민하다가 재밌는 아이디어가 떠올랐다!

'돈이 열리는 나무를 그려야지~'

쓱싹~ 쓱싹~. 나는 신나게 그림을 그리고 있었다. 그런데 왠지 기분이 이상했다. 자꾸 누가 뒤에서 쳐다보는 것만 같았다. 나는 고개를 돌려 확인했다. 뒷자리에 앉아 있던 원영이는 고개를 푹 숙인 채 그림을 그리고 있었다.

'아... 아니겠지. 기분 탓이겠지~'

말이 끝나기 무섭게!! 곧바로 뒤통수에 콧바람이 불어왔다. 원영이 녀석이 내 어깨 너머로 그림을 엿보고 있었다.

"야! 도원영! 너 내 그림 훔쳐봤지?!"

"아닌데? 네 어깨에 먼지가 붙어 있어서... 떼어 줄려고 한 건데?"

"아.... 그래...?"

나는 다시 열심히 그림을 그리기 시작했다. 그런데 이번에는 나를 따라 그림을 그리는 소리가 났다. 내가 연필로 그림을 그리면 똑같이 따라 그렸고, 내가 지우개로 그림을 지우면 똑같이 따라 지웠다.

나는 그림을 그리는 척하다가 고개를 휙~ 하니 돌렸다.

그럼 그렇지! 원영이의 스케치북엔 삼각형 모양이 그려져 있었다. 원영이는 나무를 그리려고 한 게 분명했다!!

"야! 도원영. 너 나무 그리려고 한 거지?"

"아니... 아닌데? 난 다른 거 그리는 중이야."

쳇, 뭐람. 누가 봐도 나무를 그리려다 만 거 같은데... 나는 다시 내 그림에 열중하기로 했다. 그런데 얼마 지나지 않아 또!! 원영이는 엉덩이까지 들고, 얼굴이 거의 내 볼에 닿을 정도로 고개를 가까이 들이밀고 쳐다봤다. 내가 고개를 휙 돌리자 원영이는 나와 눈이 마주쳤다. 마치 내 얼굴에 뭐라도 묻은 것처럼 원영이는 나를 빤히 쳐다봤다. 나는 정말이지 기분이 나빴다. 더 이상 참을 수 없었다!!!

"우와아아!! 도원영 그만 베껴!!"

나도 모르게 그만 입 밖으로 말이 튀어나왔다. 원영이는 깜짝 놀라 움찔했다. 나는 이해할 수 없었다. 왜 자꾸 친구의 그림을 훔쳐보는 걸까?

나는 일어서서 원영이 자리로 갔다. 옆에 서서 원영이의 스케치북을 제대로 봤다.

나는 그 자리에서 얼어붙었다. 말문이 막혀 아무 말도 할 수 없었다!!

원영이의 스케치북엔 내 얼굴이 그려져 있었다. 원영이는 지금까지 내 얼굴을 그리려고 몰래몰래 나를 쳐다본 것이었다. 나는 그것도 모르고 내 그림을 베낀다고 생각했다. 나는 미안한 마음에 아무 말도 못 하고 서 있었다. 근데... 내 얼굴이 저렇게 못생겼나?!

써 보기 **원영이의 일기**

제목:

20 . .   요일

원영이의 일기를 상상하여 써 보세요.

"침묵은
오해하기 쉬운
글과 같다

-알프레드 안젤로 아타나시오

이름 도원영   나의 기분 미안함

제목: 사랑의 규칙

"야, 정삼식 너 또 핸드폰 꺼내 봐? 그러다 선생님께 걸려~"

나는 속삭이는 목소리로 말했다. 삼식이는 듣는 둥 마는 둥 했다.

우리 반엔 새로운 규칙이 생겼다. 수업 시간에 휴대폰 사용 금지!! 적발되면 휴대폰을 반납해야 했다. 결국 삼식이가 휴대폰을 반납하고 나서야, 삼식이가 왜 그렇게 휴대폰을 했는지 알 수 있었다.

삼식이는 평소에도 휴대폰을 자주 꺼내 봤다. 수업 시간에도 휴대폰으로 게임을 하거나 문자 메시지를 주고받았다. 규칙을 듣고도 똑같이 휴대폰을 하고 있었다.

나는 삼식이가 못마땅했다. 규칙은 지키라고 있는 건데 삼식이는 지킬 생각이 없어 보였다.

'확! 선생님께 일러 버릴까?'

따다닥~ 딱! 삼식이는 또다시 휴대폰을 꺼냈다. 선생님은 아직 모르시는 눈치였다.

'으휴~ 또 게임이나 하려는 거겠군! 삼식이를 위해서라도 못 쓰게 해야겠어!!'

"삼식아, 게임은 쉬는 시간에 해."

삼식이는 아랑곳하지 않고 계속 휴대폰을 만지작거렸다.

"거기, 수업 시간에 휴대폰 하지 말랬죠? 반납하세요~"

다행히 삼식이가 아니었다. 옆줄에 앉아 있던 친구가 휴대폰을 반납했다. 삼식이도 똑같이 될 수 있었다. 나는 더 이상 참을 수 없었다. 삼식이에게 마지막으로 경고했다.

"한 번만 더 휴대폰 하면... 선생님께 말할 거야."

삼식이는 나의 경고를 무시했다. 무슨 할 말이 그렇게 많은지 문자 메시지를 계속 보냈다. 규칙도 안 지켜, 내 말도 무시해, 그런 삼식이를 신경 쓰느라 나도 공부에 집중할 수가 없었다.

'도저히 안 되겠어!' 나는 손을 번쩍 들어 올렸다.

"선생님!! 삼식이 계속 핸드폰 해요!!!"

"이... 이런... 도원영 너어어어!!!!!"

삼식이는 도끼눈을 뜨고 나를 노려봤다. 삼식이는 순간 화를 참지 못하고 나한테 달려들었다. 삼식이가 나를 밀쳤다. 나는 균형을 잃고 바닥에 넘어졌다. 삼식이가 이렇게 화를 내는 건 처음이었다. 잘못은 자신이 해 놓고 왜 나한테 화를 내는지 이해할 수 없었다.

주변 친구들이 삼식이를 말렸다. 선생님도 어느덧 삼식이를 붙잡고 계셨다. 삼식이는 아직도 화가 안 풀렸는지 나를 째려봤다.

우리 둘은 결국 교무실로 불려 갔다. 나는 삼식이가 규칙을 어겼기 때문에 사실대로 말한 것일 뿐이라고 했다. 삼식이는 선생님께 휴대폰을 드렸다.

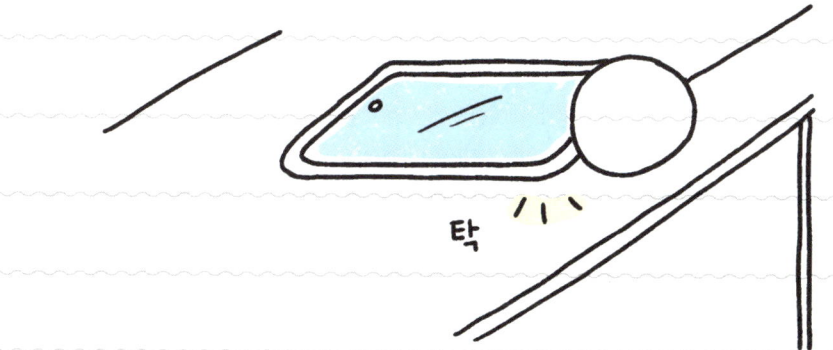

이... 이럴 줄이야...! 나는 생각조차 할 수 없던 이유가 있었다. 내가 만약 그 사실을 알았다면 삼식이를 이해했을 텐데.... 시간을 되돌리고 싶어졌다.

삼식이의 휴대폰을 한참 들여다본 후 선생님께서 말씀하셨다.

"삼식아, 그런 일이 있었으면 선생님한테 말하지 그랬니...."

삼식이가 주고받은 문자 메시지는 이러했다.

삼식이: 엄마! 몸은 괜찮으세요? 아직도 아픈 거예요?

엄마: 아니, 많이 괜찮아졌단다. 삼식아 수업 시간에 휴대폰 하면 어떡하니?

삼식이: 그래도... 엄마가 걱정되어서요.... 아프지 마세요!

엄마: 그래. 알았어. 공부 열심히 하고 이따 집에서 보자~

써 보기 — 삼식이의 일기

제목:

20   .   .   요일

 삼식이의 일기를 상상하여 써 보세요.

이름 조다래   나의 기분 황당함 ☀ ☁ ☂ ❄

제목: 어디 갔지? 내 보물!

"으앙~ 선생님 제 보물이 사라졌어요! 도대체 누가 가져간 거야?!"

내가 제일 소중히 아끼는 반지가 사라졌다.

우리 반은 오늘 수련회 중에 보물찾기를 하고 있었다. 반지를 숨겨 놓은 장소에서 원영이를 봤다. 분명 무언가를 찾은 거 같아 보였다. 그런데 아무 말도 안 하고 있는 게 너무나도 수상했다.

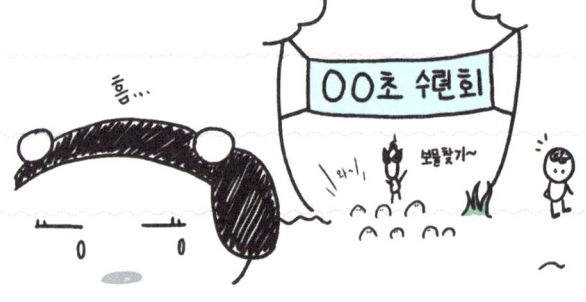

친구가 무언가를 숨기고 있다면 그걸 밝혀내야 할까? 찾았으면 돌려줘야지! 그건 나쁜 짓이었다. 반드시 진실을 밝히고, 반지를 꼭 돌려받고 말겠어!

그리고 도원영의 잘못을 꼭 밝혀내겠어!

나는 원영이를 따라다니며 유심히 관찰했다. 원영이는 친구들이 없는 한쪽에 혼자 서 있었다. 평소 같았으면 친구들이랑 뛰어다녔을 텐데.... 확실히 어딘가 이상해 보였다.

그리고 제일 이상한 점 발견! 원영이는 아까 전부터 계속 주머니에 손을 넣고 있었다. 손이 시려서일까? 절대! 그럴 리 없었다. 나는 원영이에게 다가갔다.

"원영아~ 뭐해? 내가 손금 봐 줄까?"

나는 자연스레 원영이가 손을 꺼내도록 했다. 손금을 봐 주는 척하면서 원영이의 주머니를 확인했다. 원영이의 주머니에는 어떤 물체가 들어 있었다. 나는 눈을 가늘게 뜨며 자세히 보려고 노력했다.

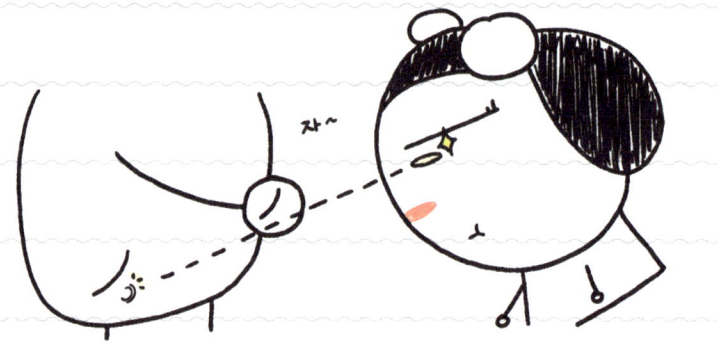

역시나!!! 내가 맞았다. 주머니 밖으로 동그랗고, 얇은 윤곽이 뚜렷하게 보였다. 저건 분명히 반지의 모습과 똑같았다. 원영이가 평소에 반지를 끼고 다니는 것도 아니었다. 나는 다른 어떤 것도 상상할 수 없었다. 저건 분명 내 반지였다.

나는 선생님을 찾아갔다. 아무래도 원영이가 내 반지를 가지고 있는 것 같다고 말씀드렸다.

"원영아~ 선생님이랑 잠깐 얘기 좀 할까?"

선생님은 원영이를 조심히 불렀다. 나는 선생님 옆에서 가만히 서 있었다. 선생님은 자초지종을 설명하며 원영이에게 주머니에 있는 것을 꺼내 보라고 하셨다.

드디어...!!

'잡았다! 도원영!! 분명 내 반지가 나오겠지...?'

"아... 아니에요. 선생님 이거 반지 아니란 말이에요."

원영이는 주머니에서 손을 빼지 못했다. 반지가 아니면 왜 꺼내지 못하는 걸까? 말이 안 됐다. 나는 참다못해 원영이를 재촉했다.

"반지가 아니면 왜 못 꺼내는데! 빨리 꺼내 봐!!"

나는 원영이의 손목을 잡아채, 주머니에서 손을 빼냈다.

핑그르르~ 짤랑~ 이... 이럴 수가.... 분명 작고, 동그랗고, 납작한 물체였다. 근데 내가 생각했던 물건이 아니었다. 그것은 바로! 100원짜리 동전이었다. 겨우 100원짜리 동전!!

'어쩌지... 어떡한담.... 아... 아니었네.'

나는 고작 100원짜리 동전을 반지로 착각한 것이었다.

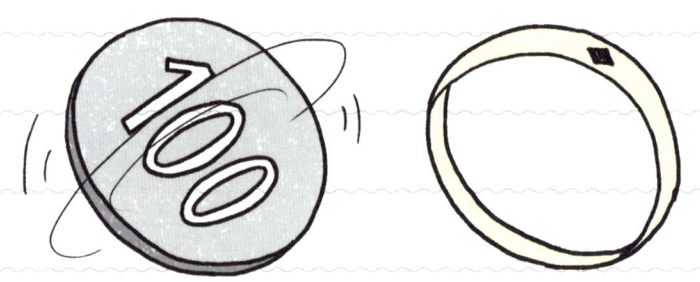

원영이는 고개를 숙이고 울기 시작했다.

"선생님 죄송해요. 보물찾기하다가 바닥에서 주웠는데... 가지고만 있었어요."

원영이는 자신이 돈을 주워서 잘못했다고 생각하고 있는 것 같았다. 선생님도 나도 모두 당황스러웠다. 그런 줄도 모르고 나는 원영이를 도둑으로 생각했으니....

그럼, 그렇다면... 도대체 내 반지는 어디로 간 걸까?

써 보기 **원영이의 일기**

제목:

20 . .   요일

✏️ 원영이의 일기를 상상하여 써 보세요.

이름 **박찬민**   나의 기분 **창피함** ☀ ☁ ☂ ❄

제목: **비웃지 말라고!**

연극 무대 한가운데서 비웃음거리가 된다면 어떨까? 그게 바로 내 상황이었다.

나는 학예회 발표에서 처음으로 연기에 도전했다. 나는 진지하게 최선을 다해 연기했다. 하지만 삼식이는 나를 비웃었다. 적어도 나는 그렇게 느꼈다.

삼식이는 내가 연극 오디션을 볼 때도 제일 크게 웃더니만, 학예회 당일에도 기 어이!!!

지잉~ 징! 내 휴대폰이 팽이 돌 듯 진동했다. 한 통의 메시지가 왔다.

<학예회 - 코미디 연극 주인공 공개 오디션!>이라는 내용이었다. 연극에는 관심도 없던 내가 주인공이라는 말에 갑자기 호기심이 생겼다.

'연극? 주인공? 그래, 한번 도전해 볼까?!'

"오! 박찬민? 너도 오디션 보러 왔냐?"

연극 연습실에는 삼식이가 먼저 와 있었다. 삼식이도 이번 연극의 주인공에 지원했다고 했다. 삼식이한테 주인공을 뺏길 수는 없었다.

'정삼식! 너한테 질 수 없지. 이번 연극의 주인공은 바로 나야 나!!'

삼식이는 팔짱을 끼고, 어디 한번 해 보란 듯이 거만한 표정을 지었다.

곧장 오디션이 시작됐다. 우리는 각자의 차례를 기다렸다. 드디어, 내 차례가 됐다. 나는 준비해 온 장면과 대사를 연기했다. 그런데 연기하는 중간중간에 어디서 웃음소리가 들렸다. 나는 연기에 집중할 수가 없었다.

"키득, 키득, 큭큭, 하하하."

나는 웃음소리가 나는 쪽을 쳐다봤다. 바로 정삼식이었다!

나는 삼식이를 무시한 채, 마지막 장면을 연기하려 했다. 그런데 가장 중요한 순간에서 나는 연기를 멈출 수밖에 없었다. 삼식이가 연습실이 떠나갈 정도로 크게 웃었기 때문이었다.

"크하하하. 너무 웃겨!! 아, 미안, 미안 너무 재미있어서~"

주변에 있던 친구들도 삼식이를 따라 웃었다. 그곳에서 웃을 수 없는 사람은 나뿐이었다.

"우이씨! 야, 지금 비웃었냐?"

"아, 아니... 나는 진짜 재밌어서 웃은 거야~ 오해하지 말라고~"

흠... 나는 기분이 상했지만 삼식이의 말을 곧이곧대로 믿었다. 그래, 내 연기가 그만큼 재밌었다는 뜻이겠지?

그렇게 오디션을 마쳤다. 다행히 내가 주인공을 맡게 되었다.

두두둥! 드디어 학예회 당일!! 나는 긴장된 상태로 무대에 올랐다. 같은 반 친구들이 모두 나만 바라봤다. 숨을 크게 들이마시고 연기를 시작했다.

그런데 바로 그때!! 나를 쳐다보고 있던 삼식이와 눈이 마주쳤다!

'이 녀석, 또 입꼬리가 올라가 있는데?'

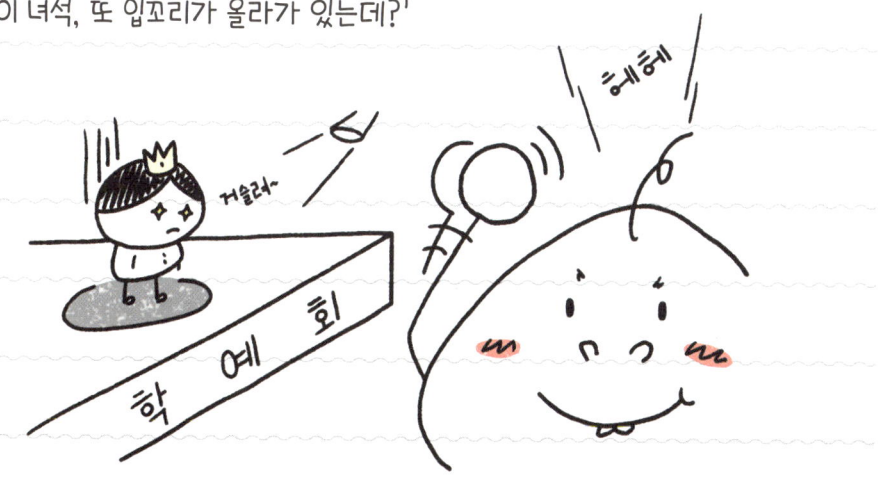

히죽~ 히죽~ 삼식이는 내가 연기를 시작하기 전부터 실실 웃고 있었다. 어서 내가 대사라도 까먹고, 틀려 버리길 바라는 눈치였다.

연극이 절정을 향해 달려갈 때였다. 무대 아래 있던 삼식이는 급기야 배를 부둥켜안았다. 삼식이는 가까스로 웃음을 꾹꾹 참다가 결국... 대폭소를 하고 말았다!

"크하하하하, 푸하하. 너무 웃겨!!!"

그렇게 내 첫 번째 연극은 완전히 망했다. 난 연극을 끝마치지 못하고 무대 밖으로 뛰쳐나갔다. 나는 삼식이를 향해 곧장 달려갔다.

"야!! 정삼식!! 너 왜 계속 나를 비웃는 거야!!!"

"내가 언제 비웃었다고 그래? 이건 코미디잖아~ 안 웃을 수가 없다고!"

엥?! 그렇긴 하지... 코미디가 안 웃기면 안 되는 거잖아? 그래도 삼식이가 비웃은 거 같은 건 내 기분 탓일까?!

써 보기   삼식이의 일기

제목:

| 20 . . 요일 | ☀ ☁ ☂ ❄ |

✏ 삼식이의 일기를 상상하여 써 보세요.

| 이름 조다래 | 나의 기분 즐거움 ☀ ☁ ☂ ❄ |

제목: 알쏭달쏭? 동물원!

"우와~ 저 사자 좀 봐! 웃고 있잖아? 어떻게 사자가 웃을 수 있지?"

원영이는 동물원의 사자를 보고 소리쳤다. 어쩜, 우리 안에 갇혀 있는 사자를 보고 웃고 있다고 생각한 걸까? 내가 보기엔 분명 울고 있는 것 같은데....

원영이는 사자가 웃는 거라고, 나는 사자가 우는 거라고 했다. 우리는 누가 맞는지 내기를 했었다.

"도원영~ 저게 어떻게 웃는 얼굴이야? 사자가 슬퍼서 울고 있잖아."

원영이는 의아한 표정을 지었다. 전혀 납득할 수 없다는 듯 "좋아, 사자가 가까이 왔을 때 다시 봐 보자"라고 말했다.

'아니, 어떻게 저 표정이 웃는 거라는 거야?'

'다래는 참.... 입꼬리도 올라가 있고, 눈도 반달 모양을 짓고 있는데...?'

사자가 가까이 왔을 때 우리는 빼꼼히 고개를 내밀었다. 사자는 역시 울고 있었다.

"거봐! 또 울었잖아!"

"아니지~ 웃는 거잖아~"

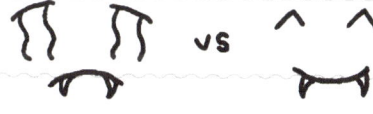

"아니거든? 내 말이 맞거든?"

"아닌데? 내 말이 맞는 건데? 사람들을 구경하는 게 재밌는 거야~"

"좋아! 그럼 내기하자! 친구들한테 물어봐서 더 많은 쪽이 이기는 거다?"

"그래, 지면 '딱밤' 맞기다?"

우리는 친구들을 찾아다니며 물었다. 누구는 울고 있다고 했고, 누구는 웃고 있다고 했다. 잘 모르겠다는 친구도 있었고, 그냥 사자는 아무 생각이 없는 거라고 말하는 친구도 있었다. 원영이처럼 웃고 떠들기를 좋아하는 애들은 사자가 웃는다고 말했다.

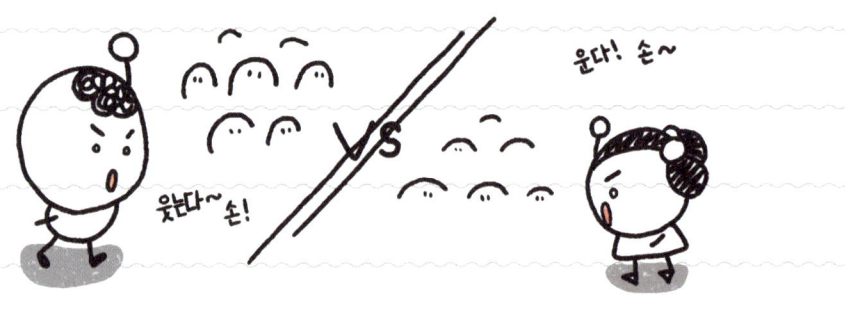

결과는? 한 명 차이로 원영이가 이겼다. 말도 안 됐다. 한 명 차이면 거의 내 말도 맞는 말이었다. 원영이는 씩 웃으면서 소매를 걷어붙였다.

"자~ 조다래, 이마 어서 대시고요~"

"다래야, 넌 저번에도 친구가 기분 안 좋아 보인다고 하더니, 사실은 기분 좋았던 거였잖아. 이번에도 틀렸네?"

나는 납득할 수 없었다. 사자는 분명 입을 크게 벌리고 엉엉 울고 있었다. 눈도 찔끔 감고, 고개도 쳐든 채로 울었다. 얼굴도 잔뜩 찡그리고 있었는데... 어느 누가 웃을 때 저렇게 얼굴을 찡그린다는 거야?

"조다래! 결과에 승복하시지? 자, 간다!!!"

빠-악!! "으아아악! 우이씨~ 억울해!"

나는 얼얼한 이마를 문질렀다. 원영이는 승리의 미소를 지으며 돌아서려고 했다.

"자, 자... 잠깐만!!! 딱, 딱 한 사람한테만 더 물어보자? 응?"

나는 다급한 목소리로 말했다. 그때, 내 눈에 들어온 한 사람이 있었다. 바로 사육사님이었다. 나는 곧장 사육사님에게 뛰어갔다.

원영이도 나를 따라 헐레벌떡 뛰어왔다. 우리는 사육사님을 붙잡고 누구 말이 맞는지 물었다.

"아~ 하~ 그거는요...."

'아... 아... 제발, 제발!! 제 말이 맞다고 해 주세요!!!'

나는 마음속으로 간절히 빌었다. 원영이의 기고만장한 표정이 꼴 보기 싫었다. 더군다나 내가 틀렸다는 생각도 전혀 들지 않았다.

"아~ 웃는 것처럼 보이기도 하고, 우는 것처럼 보이기도 하죠~? 그런데... 실은... 그냥 하품한 거예요!"

오잉?! 우리는 생각도 못 한 사실에 눈이 휘둥그레졌다. 그냥... 하품이었다고?!

"오예! 도원영 너 이마 딱 대! 딱밤 다시 돌려줄게!!"

맞춘 사람 없이 우리의 내기는 그렇게 끝이 났다. 진실은 전혀 예상치 못한 것일 때도 있었다.

사자야, 미안해. 내가 잘못 알았네? 그래도 하품하면 눈물이 나오니까 운 게 맞는 거 아니야?!

써 보기 **원영이의 일기**

제목:

20 . . 요일 ☀ ☁ ☂ ❄

🖉 원영이의 일기를 상상하여 써 보세요.

이름 도원영   나의 기분 부끄러움

제목: 상처 입은 자전거

흙먼지가 바람을 타고 운동장을 가로질렀다. 매캐한 먼지 냄새가 코끝에서 맡아졌다. 입에선 아주 작은 모래 알갱이가 씹혔다. 나는 운동장 한가운데를 향해 달렸다.

"짜자잔~ 자전거 새로 샀지~"

나는 새로 산 자전거를 친구들에게 자랑했다. 심지어 두발자전거였다! 두발자전거를 탈 줄 아는 사람은 우리 반에서 내가 유일했다.

짤랑~ 짤랑~ 나는 괜히 경적을 울리며, 서 있는 친구들 앞에서 뽐냈다. 친구들은 양쪽으로 갈라서며 내 두발자전거를 부러운 눈빛으로 바라봤다.

"어이~ 애들은 가~ 아기들은 두발자전거 못 탄단다~"

나는 애들을 약 올리며 건방지게 말했다. 그러자 무리에 있던 찬민이가 불쑥 튀어나왔다.

"아닌데? 난 아기도 아니고, 두발자전거도 탈 줄 아는데?"

"에이~ 거짓말. 넌 저번에 킥보드도 잘 못 탔잖아~"

나는 찬민이가 평소 운동에 관심도 없고, 체육 시간에도 앉아만 있었던 게 생각났다. 그런 찬민이가 두발자전거를 탄다고? 그럴 리 없었다. 찬민이는 내가 부러우니까 괜히 거짓말을 하는 거였다.

상처 입은 자전거

나는 자전거 핸들을 찬민이 쪽으로 돌렸다. 한번 타 보라고 찬민이에게 자전거를 건넸다. 하지만 찬민이는 우물쭈물하더니 팔짱을 껴 버렸다.

"아니, 됐어! 나는 자전거를 탈 줄 모르는 게 아니라. 안 타는 거라고!"

"에잉? 그게 무슨 말이야? 탈 줄 알면 타면 되지. 박찬민 너 탈 줄 모르는 거지?"

찬민이는 고개를 가로저었다. 하여튼 탈 줄 안다고 우겼다.

"그럼 타 보든가~ 누가 운동장 한 바퀴 빨리 도나 시합할래?"

나는 찬민이가 자전거를 못 탄다고 확신했다. 키도 작은 찬민이는 아마 페달에 발도 안 닿을 것이었다.

"네가 나 이기면, 이 자전거 너 줄게! 어때 콜?"

그러자 찬민이의 눈빛이 확 바뀌더니 곧바로 자전거 안장에 올라탔다.

찬민이는 자전거에 올라타고서도 한참을 망설였다. 브레이크를 쥐었다 풀어 보기도 하고, 페달을 거꾸로 돌리는 모습이 우스꽝스러워 보였다.

'역시나 탈 줄 모르는 거야. 큭큭. 애들 앞에서 창피 좀 줘야겠다!'

나는 망설이는 찬민이의 등을 슬쩍 떠밀었다. 찬민이는 얼떨결에 앞으로 나아가기 시작했다. 찬민이는 꽤나 잘 달려 나가고 있었다. 그런데....

으아악~! 우당탕! 쿵쾅!

한동안 잘 달리던 찬민이는 어느새 옆으로 쓰러져 버렸다. 발을 디딜 새도 없이 정말 갑자기 넘어졌다.

나는 곧바로 뛰어갔다. 찬민이는 바닥에 주저앉아 훌쩍이고 있었다.

"거봐~! 탈 줄도 모르면서 괜히 고집부리다 이렇게 된 거 아니야!"

"탈 줄 안다고... 네가 뭘 알아!"

찬민이는 울음을 그치고, 흐트러진 옷매무새를 단정히 하고 일어섰다.

"사실은... 사실은 말이지. 작년에 자전거를 타다 교통사고를 당했어... 자전거만 타면 그때 생각이 나서 안 타는 것뿐이라고!"

아... 나는 찬민이의 말에 어떤 위로의 말도 해 주지 못했다. 그저 내가 너무 했다는 생각만 들었다.

"야! 미안, 미안 내가 몰랐네. 자, 그럼 내가 태워줄게 뒤에 타!"

그래, 탈 줄 알지만 안 타는 경우도 있을 수 있었다. 너무 나만 생각했던 게 부끄러워졌다. 나에겐 없는 상처가 남에겐 있을 수 있었다. 그 상처가 아물기 전까지 좀 기다려 줬다면 찬민이는 자전거를 더 멋지게 타고 달렸을지도 모르겠다.

그래... 근데 자전거 바퀴에 난 구멍은 어떻게 할 거니? 찬민아?!

써 보기 **찬민이의 일기**

제목:

20 . .   요일

✎ 찬민이의 일기를 상상하여 써 보세요.

> 자신이 얼마나 타인을 오해하고
> 있는가를 자각하고 있다면,
> 누구도 남들 앞에서
> 함부로 말하지는 않을 것이다
>
> -요한 볼프강 폰 괴테

이름 조다래　나의 기분　무안함

제목: 범인은 이곳에 있어!

따스한 햇살이 내 목덜미를 데워 주는 그런 날이었다. 가만히 있으면 덥다가도, 바람이 불면 시원한… 딱! 나들이 가기 좋은 날씨였다.

그래서 우리 반은 인근 공원으로 야외 활동을 나갔다. 돗자리를 펴고 삼삼오오 둘러앉았다. 남자아이들은 공놀이를, 여자아이들은 공기놀이를 했다.

나는 야외 활동을 할 때면 꼭 챙기는 담요가 있었다. 내가 어릴 적부터 덮었던 애착 담요였다. 담요 속에 두 손을 쏘옥~ 집어넣으면 집에 있는 듯 편안한 느낌이 들었다.

그런데!!! 그런 담요를 어떤 녀석이 밟았단 말이냐!! 네 이놈을 꼭 잡아서 사과를 받고야 말겠다!!!!

펄럭~ 펄럭~ 탁탁탁! 나는 먼저 담요에 찍힌 발자국을 털어 냈다. 수차례 털어 내고서야 발자국은 희미해졌다.

그제야 나는 주변 친구들한테 내 담요를 밟은 사람을 본 적이 있는지 물었다. 한 친구가 공을 차고 놀던 아이들이 이쪽으로 왔었다고 말했다. 흠... 혹시... 삼식이?

"야, 정삼식 너 일로 와 봐! 너지?"

"무슨 소리야. 난 네 쪽 근처에도 안 갔어."

흠. 이상하다. 같이 앉아 있던 친구가 봤다고 했는데. 도대체 누가 거짓말을 하고 있는 거야?

"뭐래. 얘가 그러는데 아까 남자애들이 이쪽에서 공놀이했다는데?"

"공놀이는 했는데 네 쪽으론 안 갔다고!"

삼식이는 진짜 아니라는 듯 목소릴 높여 말했다.

"그래? 그럼 좀 전에 오면서 애들 돗자리를 막 밟고 지나간 건 뭐야?"

삼식이는 지나온 길을 돌아봤다. 자신이 돗자릴 밟았는지조차 모르고 있었다. 역시나 삼식이가 맞았어!

"아, 그건 실수로 밟은 거고, 모서리 조금 밟은 거야~"

"내 담요도 밟아 놓고 모르는 거 아냐?!"

삼식이는 조금 당황한 듯 머리를 긁적였다. 뭔가 냄새가 나.... 삼식이는 빨리 자리를 떠나려고 했다.

아무래도 수상했다. 역시 확실한 증거가 필요했다! 바로 그때! 내 머릿속에 스쳐 지나가는 생각이 있었다. 그래! 발자국!!

"흠, 그럼 됐고, 운동화 바닥 좀 보여 줘 봐."

"에잉? 갑자기 운동화는 왜?"

"아니... 내 담요에 찍힌 발자국이랑 비교해 보...."

어머나!! 맞다~! 잊고 있던 기억이 떠올랐다. 아까 담요를 너무 세게 털어 버려서 발자국이 다 지워져 있었다. 어렴풋이 발 크기 정도만 알아볼 수 있었다.

"뭐야? 지금 날 의심하는 거야? 자, 봐 봐!"

'아... 애매한데.... 운동화 바닥 무늬는 비슷한 거 같은데... 아닌 거 같기도 하고....'

"아니잖아~ 봐, 우선 크기부터 다르잖아~"

우이씨, 삼식이가 분명 맞는 거 같은데, 나는 아무 말도 할 수 없었다. 이럴 줄 알았다면 발자국을 남겨 놓을걸.

"하여튼 난 아니다~ 조다래! 괜히 의심하지 마라~"

정말 이대로 범인을 못 찾게 되는 걸까? 나는 시무룩한 채로 자리에 앉아 있었다. 그러다 선생님이 나를 불렀다.

나는 허겁지겁 운동화를 구겨 신고, 선생님께 뛰어갔다.

"다래야 천천히 와도 된단다. 아까도 그러더니... 또 담요를 밟으면서 왔네?"

"네에~?!" 난 어떻게 된 영문인지 몰랐다. 제자리로 돌아가서야 그 말을 이해했다. 담요에는 선명한 발자국이 찍혀 있었다.

범인은... 바로~! 나였다. 헐~ 급한 마음에 나도 모르게 담요를 밟았던 것이었다.

써 보기 삼식이의 일기

제목:

20 . .   요일

🔅 ☁ ☂ ❄

✏ 삼식이의 일기를 상상하여 써 보세요.

| 이름 정삼식 | 나의 기분 멋쩍음 |

제목: 세상에 똑같은 건 없어!

친구가 잘못된 방법을 알려 준다면 어떨까? 그것도 내 작품을 엉망진창으로 만들기 위해! 나는 원영이가 일부러 그랬다고 생각했다.

원영이가 찰흙으로 만든 오리 모형은 누가 봐도 훌륭했다. 나는 원영이가 알려 준 대로 따라 했다. 하지만 결과는 달랐다. 내가 만든 오리 모형은 왜 이런 걸까?

원영이가 알려 주지 않은 것이 있는 게 분명했다.

"우와!! 도원영 왜 이렇게 잘 만들었어? 비법이 뭐야?"

나는 원영이의 오리 모형을 가리키며 말했다. 매끈하게 잘빠진 몸통과 금세라도 꽥꽥~ 하고 울 것만 같은 주둥이는 진짜 살아 있는 오리 같았다.

"삼식아~ 이렇게 해서 이렇게 하고, 몸통이랑 머리는 이렇게 만들면 돼~"

하지만 뜻대로 잘되지 않았다. 내가 뭔가 잘못한 걸까?

나는 원영이의 다음 작품을 유심히 지켜봤다. 뭉텅뭉텅 찰흙을 떼서 조물락거리다 바닥에 대고 굴렸다. 오리의 머리를 만들고 주둥이는 길게 뽑아 플라스틱 조각칼로 모양을 잡았다.

'흠... 이상하다? 나도 저렇게 했는데? 뭔가 다른 수법이 있는 걸 거야!'

나는 원영이의 행동을 하나하나 따라 하며 다시 만들기 시작했다.

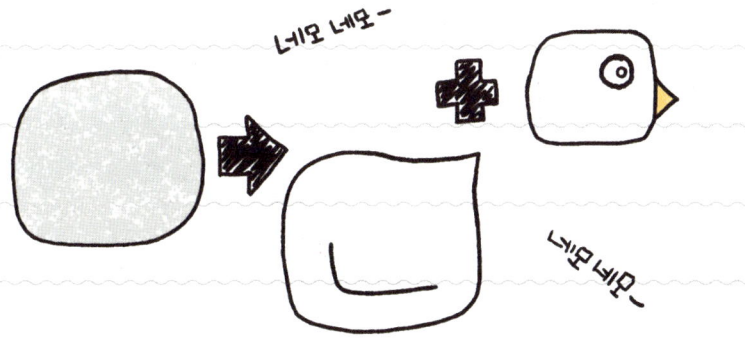

세상에 똑같은 건 없어!

이런! 이런!! 역시나 이번에도 안 됐다. 내 뜻대로 되지 않자 짜증이 났다.

"야, 도원영 사실대로 말해! 너 나한테 안 알려 준 거 있지? 너만 높은 점수 받으려고 그러는 거잖아!"

원영이는 기가 차다는 듯 내 말을 무시했다. 그러고는 자신이 하던 일에 계속 몰두했다.

'아... 안되겠다! 원영이 거랑 바꿔치기해서 제출해야지! 치사하게 말이야!'

나는 원영이가 자리를 비우기만을 기다렸다.

원영이는 일찌감치 작품을 완성하고는 다른 친구들을 도와주러 돌아다녔다. 그래, 바로 이때다!! 나는 잽싸게 원영이의 오리와 내 오리를 바꿔치기했다.

"자~ 이제 시간이 다 됐어요. 모두 완성한 작품을 제출하세요~"

선생님의 말씀이 끝나기 무섭게 나는 오리를 들고 앞으로 나갔다. 아싸! 내가 1등으로 제출했다! 나는 원영이를 몰래 쳐다봤다. 원영이는 당황스러워했지만 어쩔 수 없이 내 오리를 제출했다.

'그러니까 왜 치사하게 안 알려 주고 그래~!'

그때까지만 해도 몰랐다. 당연히 내가 더 높은 점수를 받을 거라고 생각했다. 그런데 어찌 된 일이람...?

"자, 삼식이는 80점~, 원영이는... 아주 좋아요! 95점~!"

선생님의 말씀을 듣고 나는 놀라지 않을 수 없었다! 아니, 이게 어떻게 된 거야?!

세상에 똑같은 건 없어!

"이런 미술 작품에는 정답이 없답니다. 자신만의 특별한 오리를 만든 원영이에게 모두 박수~!" 짝짝짝~ 반 친구들이 모두 박수를 쳤다. 나는 차마 원영이를 향해 박수를 칠 수 없었다.

나는 자리로 돌아와 앉았다. 그런데 뒤에서 원영이가 내 어깨를 툭툭 두드렸다.

"삼식아~ 네 작품이 특별하대~ 축하해!"

그렇다. 원영이는 알고 있었다. 나는 부끄러운 마음에 멋쩍게 웃고 말았다.

그러네... 방법이 문제가 아니었네.... 난 그저 원영이가 만드는 방법을 잘못 알려 줬다고 생각했었는데... 그게 중요한 게 아니었다.

원영이가 혼자 높은 점수를 받으려고 나한테 안 알려 준 방법이 있다고 생각했는데.... 그래서 오리를 바꿔치기까지 했는데, 결국은 원영이가 더 높은 점수를 받고 말았다. 원영아... 미안한데... 오리 다시 바꿔서 채점 받으면 안 될까?

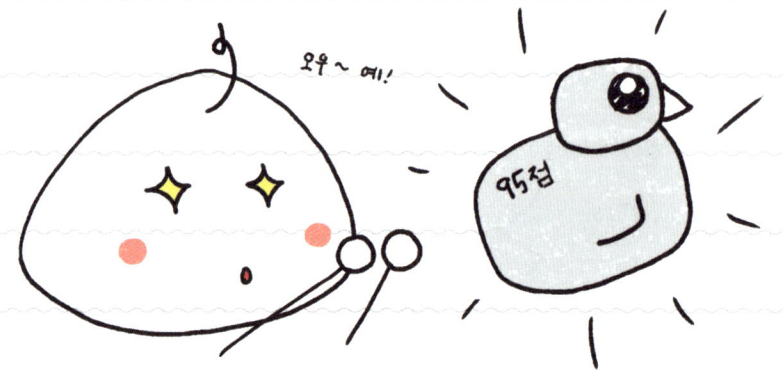

써 보기 원영이의 일기

제목:

20 . .   요일

🌞 ☁ ☂ ❄

✏️ 원영이의 일기를 상상하여 써 보세요.

이름 도원영 나의 기분 안도함 ☁ ☂ ❄

제목: 패배의 승리!

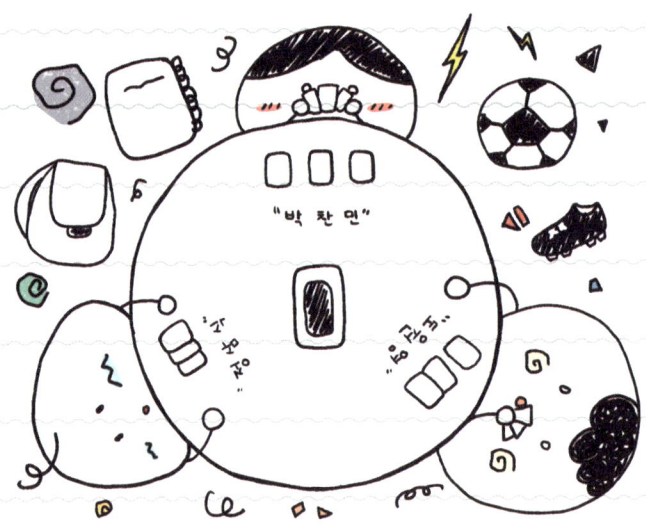

"크하하하, 또 이겼다~" 나와 삼식이, 찬민이는 책상에 둘러앉아 캐릭터 카드놀이를 하고 있었다. 삼식이는 열 판 동안 단 한 판도 이기지 못했다. 우리는 우울해하는 삼식이를 이기게 해 주고 싶었다.

나는 조마조마한 가슴을 부여잡고 패배를 위해 갖은 노력을 다했다. 최대한 삼식이가 알아차릴 수 없도록 찬민이와 함께 작전을 펼쳤다. 하지만 그런 모습마저도 삼식이는 자신을 지게 하기 위한 계략쯤으로 알았다.

"매번 너희만 이기냐? 이거 사기 아니야?!"

"크크, 삼식아 넌 언제 이길래~"

"쳇, 나도 이기고 싶다, 난 이 게임에 재주가 없나 봐...."

그 모습을 본 찬민이가 내게 말했다. '원영아 이제 좀 져줘야 하지 않을까?' 나는 이미 많이 이겼기 때문에 좀 져줘도 상관없다고 생각했다. 그리고 삼식이가 슬퍼하는 모습이 왠지 짠해 보였다.

속닥속닥~ '그래, 너무 많이 이겼지? 이번 판은 져 주자.' 나는 찬민이에게 귓속말을 했다. 그 모습을 본 삼식이는 무슨 작당 모의라도 하느냐며, 카드나 빨리 돌리라고 했다.

"야! 너희 둘, 왜 카드 보여주는데? 너희 지금까지 짜고 친 거지?!"

"어? 아냐~ 카드 개수 맞게 줬나 확인한 거야~"

휴... 삼식이는 눈치도 빨랐다. 서로의 카드를 확인하던 우리는 얼른 카드를 손에 쥐었다.

'자, 찬민아 준비됐지? 삼식이가 이길 수 있도록 해 주는 거다~'

"뭐야. 너희 왜 눈빛을 주고받는데? 또 나 지게 하려고 수 쓰는 거지?"

난 대답 없이 바로 게임을 시작해 버렸다. 처음에는 여느 때처럼 평범한 카드를 냈다.

카드놀이가 진행될수록 삼식이의 표정이 좋지 않았다. 좋은 카드가 들어오지 않았나 보다. 나는 내가 들고 있는 카드 중에 가장 좋은 카드를 버렸다.

"어?! 도원영 너 그 좋은 카드를 왜 버려? 수상하다? 무슨 꿍꿍이야?"

"어이쿠~ 실수로 잘못 내 버렸네~?"

나는 실수인 척 제일 좋은 카드를 버렸다. 이제 좀 삼식이한테 유리해졌겠지?

나는 새로운 카드를 가져오려고, 카드 뭉치에서 카드 한 장을 꺼내려 했다.

"잠깐! 도원영 너 지금 밑에서 빼간 거 아냐? 안 되겠다. 카드 다시 섞자!"

'이... 이런... 이러면 말짱 도루묵인데?'

들고 있던 카드까지 다시 다 섞은 후, 우리는 카드를 새로 받았다.

이런! 어떻게 이럴 수가! 다시 받은 카드는 전보다 더 좋은 카드들만 있었다. 이제는 도저히 져 주려야 져 줄 수가 없을 정도였다.

'이렇게 된 이상 최후의 방법이다!'

"아, 안 되겠다~ 자폭해 버리기!! 너무 안 좋은 카드만 들어왔어~"

"엥?! 뭐야? 너~ 찬민이 이기게 해 주려고 그러는 거 아니지?"

삼식이는 끝까지 의심의 눈초리를 거두지 못했다. 그렇게 찬민이와 삼식이는 게임을 이어갔다. 찬민이는 열심히 하는 척하면서도 계속 자신에게 불리한 카드를 냈다.

"아이고~ 나도 못 이기겠다~ 이번 판은 삼식이가 너무 잘하는 걸~?"

"으하하하! 드디어! 드디어 이겼다~!"

삼식이는 뛸 듯이 기뻐했다. 찬민이와 나는 그 모습을 보며 흐뭇해했다.

우리는 카드놀이를 마무리했다. 삼식이는 나와 찬민이의 카드를 가져가 정리하려던 순간! 멈칫하더니 다시 말없이 카드를 정리했다.

휴~ 삼식이가 눈치채지 못해서 다행이었다. 찬민이와 나는 눈을 마주치며 작전 성공이라고 안심했다.

'쳇, 원영아~ 찬민아~ 너희가 일부러 져 주려고 한 거 다 티 났거든~ 너희 연기 연습 좀 더 해야겠다?'

| 써 보기 | 삼식이의 일기 |

제목:

| 20 . . 요일 | ☀ ☁ ☂ ❄ |

✏ 삼식이의 일기를 상상하여 써 보세요.

이름 **박찬민**   나의 기분 **놀람**

제목: 카페 번? 카페 번!

쿵쾅~ 쿵쾅! 심장이 제멋대로 뛰었다. 두근대는 가슴을 부여잡고, 버스 정류장으로 뛰어갔다. 버스를 혼자 타는 건 태어나서 처음이었다. 내가 혼자서 잘 찾아갈 수 있을까 걱정됐다.

다래와 친구들이 카페에 가서 공부하자고 했다. 나는 약속 장소에 늦지 않기 위해 일찌감치 집에서 나왔다. 카페까지는 꽤나 먼 거리였다.

'이번 정류장은~' 앗! 이번에 내려야 했다. 나는 사람들 사이를 헤집고 나와 간신히 카드 단말기에 카드를 찍었다. 커다란 책가방 때문에 하마터면 빠져나오지 못할 뻔했다.

휴우~ 나는 버스에서 내려 크게 한숨을 쉬었다. 으악! 첩첩산중이라고 했던가? 난생처음 보는 동네였다. 어디로 가야 할지 앞길이 막막했다.

친구들이 알려 준 대로 길을 따라 걸었다. 헷갈려서 휴대폰 길 찾기로 찾아가며 계속 걸었다. 거의 다 온 거 같았는데 도무지 <카페 번>은 나타나지 않았다.

그때, 다래한테서 문자가 왔다.

"박찬민! 어디야? 우린 벌써 다 도착해 있는데. 너 늦잠 자서 아직도 집인 건 아니지~?"

뜨악...! 어느덧 약속한 시각이 지나 있었다.

그 문자를 보고 마음이 급해졌다. 발걸음을 재촉했지만 들고 온 책이 너무 많았다. 가방이 점점 무거워지는 것 같았다. 금방이라도 주저앉고 싶어졌다. 그때, 또다시 다래한테 문자가 왔다.

"오고는 있는 거야? 너 뻥치고 딴 데 놀러 갔지? 부모님이랑 영화 보러 간다며~!"

"아니, 그건 저녁에 간다는 거였고, 거의 다 왔어. 근처야 근데...."

두둥!! 드디어 찾았다!!! 나는 문자를 보내다 말고 전력 질주를 했다. 바로! 내 눈 앞에 <카페 번>이 보였기 때문이었다.

나는 반가운 마음으로 문을 열고 들어갔다. 숨을 고르고, 카페 안을 둘러봤다. 넓은 카페 안을 이리저리 돌아다녀 봤지만 내 또래 아이들은 아무도 없었다.

"사장님... 혹시 제 또래 친구들 못 봤어요??"

사장님은 아무도 안 왔다고 했다. 우이씨~! 조다래! 또 장난친 거야?! 아직 다 모이지도 않았으면서? 다 모였다고 거짓말을 해?!

또다시 다래한테 문자가 왔다.

"너 저번에도 늦더니 또 늦어? 에휴... 그냥 우리끼리 공부 시작한다~"

"무슨 소리야? 너야말로 거짓말하지 마. 아무도 없는데?"

깨톡~! 깨톡~! 나는 한동안 다래와 메시지를 주고받았다.

"아니라고~ 나 <카페 번> 도착해서 사장님한테도 물어봤는데 애들은 온 적 없대~! 너희들 짜고서 나 속이는 거지? 사실대로 말해!"

그때, 다래한테 전화가 걸려 왔다. "여보세요?"

"야!! 박찬민!!! <카페 번>이 아니라, <카페 번>이라고!!!!!"

"...? 그래! <카페 번> 말이야. <카페 번>!"

다래는 답답하다는 듯 연신 '카페 번'만을 외쳐 댔다. 나는 어리둥절했다. 카페 사장님한테도 물어봤다. 여기는 <카페 번>이라 하셨다. 나는 밖으로 나가 간판을 확인했다. 역시나 <카페 번>이었다.

나는 자리에 앉아 친구들을 기다렸다.

'그럼, 그렇지 너희들이 나 속이는 거야 익숙하다 익숙해~'

친구들을 기다리며 다래가 보내 주었던 메시지를 확인했다. 그래, 언제, 어디서, 몇 시에.... 으잉? 나는 내 두 눈을 의심했다. 모이는 장소에는 <카페 번>이 아니라 <카페 빈>이라고 적혀 있었다.

뜨아아아악!! 어떻게 이름이 이렇게 비슷할 수가 있지? 나는 헐레벌떡 일어나 밖으로 뛰쳐나갔다.

써 보기   **다래의 일기**

제목:

| 20 . .   요일 | ☀ ☁ ☂ ❄ |

✏ 다래의 일기를 상상하여 써 보세요.

이름 박찬민   나의 기분 고마움

제목: 종이 냄새

가을은 독서의 계절이라고 했던가? 나는 오래전부터 기다리고 기다리던 책을 빌리러 도서관으로 향했다.

천고마비란 말처럼 독서하기 좋은 날씨였다. 선선한 바람이 책장 넘기기 딱 좋을 만큼 불어왔다. 그래서일까? 많은 아이들이 도서관 문밖에서부터 줄을 서 있었다.

'우와~ 언제부터 애들이 이렇게나 책을 많이 읽었지?'

나는 길게 늘어진 줄을 보며 감탄했다. 더 늦기 전에 어서 가 줄을 섰다. 내 뒤로도 줄은 한참 이어졌다. 그 끝에는 도원영도 줄을 서고 있었다.

'원영이가 도서관에?'

나는 의아하다 생각했지만, 개의치 않았다. 확실히 가을은 가을인가 보다, 하고 말았다.

째깍- 째깍- 점점 점심시간이 끝나가고 있었다. 과연 내 차례까지 무사히 올 수 있을까 걱정됐다. 후우~ 긴장해서 그런지 화장실에 가고 싶어졌다.

"저기, 나 금방 화장실 좀 갔다 올게. 자리 좀 맡아 주라~"

나는 뒤에 친구한테 자리를 맡아 달라고 했다. 후다닥 화장실로 뛰어갔다.

'그 잠깐 사이에 내 차례가 지나가진 않겠지?'

도서관에 다시 돌아왔을 땐, 줄이 많이 줄어 있었다. 친구들 사이를 파고들어 원래 내가 있던 자리로 돌아왔다. 그런데... 자리를 맡아 주기로 했던 친구가 사라져 있었다. '뜨악! 가 버렸나? 내 자리는? 어쩌지....'

사라진 친구와 함께 내 자리도 사라졌다. 그리고 그 자리엔 도원영이 서 있었다.

"어? 찬민아~ 책 빌리러 왔어?"

"응, 좋은 책이 새로 나왔다고 해서. 근데 네가 왜 여기 있어? 여기 내 자린데?"

"무슨 소리야? 나도 뒤에서부터 계속 줄 서 있었던 거야!"

이건 말이 안 됐다. 원영이는 거의 맨 뒷줄에 서 있었다. 새치기를 한 게 분명했다. 그렇지 않고서는 이렇게 줄이 확 줄었을 리 없었다.

원영이는 자기 차례가 되자 재빠르게 책을 빌리고, 도망치듯 도서관을 빠져나갔다.

나는 맨 끝에 줄을 다시 섰다. 한참 동안 기다린 끝에 드디어 내 차례가 됐다. 책을 빌리려고 도서관 사서한테 물었다. 이미 다른 사람이 그 책을 빌려 갔다고 했다.

'우이씨! 도원영!! 새치기만 안 했었어도 빌릴 수 있었을 텐데....'

허탈한 마음으로 도서관을 나왔다. 교실에 빈손으로 돌아왔을 때, 원영이는 자리에 앉아 책을 읽고 있었다.

이... 이런!!! 원영이가 보고 있는 책은 바로 내가 빌리려던 책이었다! 그 모습을 보자니 속에서 열불이 났다. 아니, 새치기한 것도 모자라 내가 찾던 책까지 빌려 갔다니... 괘씸한 녀석!! 나는 원영이한테 한마디 하러 다가갔다.

원영이는 다가오는 나와 눈이 마주쳤다. 슬그머니 책을 덮더니 뒤집어 놓았다.

"박찬민~! 오해하지 마. 그런 게 아니라~~"

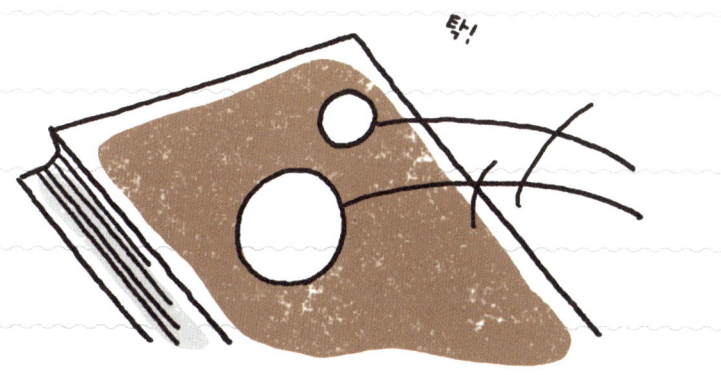

"도원영? 너 아까 새치기한 거 맞지?"

"아니라고. 나도 정정당당하게 줄 서서 빌린 거야."

"그래? 그럼 왜 그렇게 도망가듯 뛰쳐나갔냐?"

"그건, 애들이랑 축구하기로 해서 그런 거야~"

"아... 그래? 너처럼 책 안 읽는 애가 무슨 책 빌렸는지 한번 보자!"

따악-! 나는 뒤집혀 있던 책을 다시 뒤집었다.

"어... 어... 친구가 대신 좀 빌려 달라고 해서~"

"누군데?!"

"있어~ 키 작고, 5 대 5 가르마 하고 다니는 애~"

원영이는 빌려 온 책을 내게 건넸다.

"제때 반납해야 한다~"

'뭐야.... 짜식! 멋있는 척은~!'

갓 출간된 새 책에서는 왠지 모를 따듯한 냄새가 났다.

써 보기 원영이의 일기

제목:

20 . . 요일

✎ 원영이의 일기를 상상하여 써 보세요.

"이해가 부족한 사람이
오해가 많은 사람보다 낫다

-아나톨 프랑스

이름 정삼식   나의 기분 짜증남

제목: 대청소가 불러온 소동

"어푸~ 어푸, 어후 먼지 좀 봐~!" 뿌연 먼지가 밤안개처럼 뭉게뭉게 피어났다. 며칠째 계속된 황사와 미세 먼지 때문에 교실 구석구석 먼지가 잔뜩 쌓여 있었다.

발걸음을 옮길 때마다 햇빛에 반사된 희뿌연 먼지가 공중에 떠다녔다. 나는 코끝을 부여잡고 입으로 숨을 쉬었다. 숨 쉴 때마다 모래 냄새가 났다. 입안이 텁텁하고, 꺼끌꺼끌한 감촉이 느껴졌다.

"아, 안 되겠어요! 오늘은 대청소해야겠어요~! 자, 당번을 정해 줄 테니...."

뜨악~! 청소라니! 제발, 나만 아니었으면 좋겠다. 나는 선생님과 눈을 마주치지 않기 위해 고개를 푹 숙였다. 선생님은 몇 명의 친구들 이름을 부르셨다.

'휴... 다행이다. 내 이름은 없네? 크크.'

"아?!! 정삼식~ 도원영~ 둘은 같이 바닥 담당이에요~"

선생님 입에서 내 이름이 호명됐다. 나는 숨이 컥 막혔다. 하필 원영이랑 같이 청소를 해야 한다니...!

원영이는 청소를 못 하기로 소문이 났다. 원영이가 청소하고 나면 이전보다 더 더러워져 있기로 유명했다.

나는 고개를 슬쩍 돌려 원영이를 쳐다봤다. 원영이는 자신이 청소 당번이라는 걸 아는지 모르는지 딴짓 중이었다. 평소에도 원영이는 청소를 제대로 하지 않았다. 이번에도 청소는 내가 다 하겠군!!

"자, 수업 끝나고 청소하는 거 까먹지 마세요~"

선생님은 칠판에 청소 당번인 친구들의 이름을 적으셨다.

"야! 도원영 너 오늘 청소 당번이래~! 들었지?"

"응~ 알아~"

원영이는 대수롭지 않다는 듯 무덤덤하게 말했다. 이 반응은 뭐람? 어차피 청소 안 할 것처럼 말하네? 쳇. 바로 그때였다. 원영이 주위로 친구들이 모여들더니 갑자기 축구 얘기를 꺼냈다.

"원영아, 수업 끝나고 축구나 한 겜?"

"오오~! 그럼, 그럴까?"

아오~! 저번에도 그랬었는데. 또 청소 땡땡이치고, 축구나 하러 갈까 봐 걱정됐다. 나는 조마조마한 마음에 수업이 끝나자마자 원영이를 찾았다.

'어딨지? 어딨어!'

아무리 찾아봐도 원영이는 보이지 않았다. 수업이 끝나기 무섭게 쏜살같이 나가 버린 것이었다. 나는 창밖을 내다봤다. 역시나!! 원영이는 운동장을 뛰어가고 있었다.

"이, 이... 런! 너~ 이씨! 도원영 잡히기만 해 봐라~!"

나는 당장 교실 밖으로 뛰쳐나갔다. 계단을 두 칸씩 내려가며 쉬지 않고 달렸다. 운동장을 뛰어다니던 원영이의 손목을 붙잡고 교실로 끌고 갔다.

"너 선생님 말씀 못 들었어? 너 청소 당번이라고!!"

"알아! 그랬는데.... 저기, 저기 좀 봐 봐!"

이... 이게 어찌 된 일이람? 원영이가 가리킨 곳은 칠판이었다. 칠판에는 당연히 적혀 있어야 할 원영이의 이름이 없었다. 그리고 거기엔 찬민이의 이름이 대신 적혀 있었다.

"봐 봐! 나 찬민이랑 순서 바꿨다고! 선생님도 그러라고 하셨어!!"

"그, 그럼, 찬민이는?"

"그건, 나야 모르지?!"

드르륵~! 갑자기 교실 문이 열리더니 찬민이가 들어왔다.

"어? 나 불렀어? 왜 무슨 일 있어?"

찬민이는 어리둥절한 표정이었다. 무슨 일이 있냐며 되물었지만 우리는 아무 일도 아니라며 말을 아꼈다.

"뭐야~ 자, 청소하자~! 내가 청소 도구 다 챙겨왔어!! 씨익~"

어... 찬민아 말은 하고 가지 그랬니...? 그리고 원영이 너도....

써 보기 원영이의 일기

제목:

20 . .   요일

 원영이의 일기를 상상하여 써 보세요.

이름 도원영 나의 기분 고마움

제목: 부러진 날개

"잠깐, 기다려 줄래?" 삼식이는 가방에서 주섬주섬 무언가를 꺼내기 시작했다. 내 상상과는 사뭇 다른 상황이 펼쳐졌다. 삼식이 손에는 나의 오래된 최애 로봇 장난감이 들려 있었다.

삼식이한테 빌려주기 전 로봇 장남감은 많이 낡고, 곳곳이 부서져 있었다. 특히, 날개 한쪽이 부서져 있었다. 하지만 삼식이가 그 로봇을 좋아했고, 나는 그 로봇을 빌려줬었다.

"야, 정삼식~ 너 도대체 언제 돌려줄 거야?"

"줄게! 준다고~! 걱정 마."

삼식이가 로봇 장난감을 빌려 간 지 벌써 일주일이 지났다. 시간이 지날수록 삼식이에 대한 불신이 커져만 갔다. 그동안 삼식이가 아무 말이 없어서, 답답한 마음에 내가 먼저 말을 꺼냈다. 설마 삼식이는 로봇을 잃어버린 걸까?

'아! 안 되겠다! 오늘은 삼식이네 직접 찾아가서 받아 와야겠어!'

"삼식아 오늘 너희 집에 놀러 갈게~!"

"응, 안 돼. 나 바빠. 오늘 할 일이 많거든. 근데, 너 아까부터 왜 이렇게 내 주변을 서성거리냐?"

삼식이는 단칼에 거절했다. 아무래도 내가 장난감을 돌려 달라고 할 것을 눈치챈 거 같았다.

나는 걱정스러운 마음에 다른 친구들한테도 이 사실을 말했다. "삼식이가 내 장난감을 돌려주지 않는데 어떻게 할까?" 라고 물었다. 그러자 한 친구가 자신도 연필을 빌려줬다가 못 받은 적이 있다고 했다.

삼식이는 그때도 아무 말 없이 있다가 결국, 연필을 잃어버렸다고 했다. 그러니 어서 빨리 장난감을 받아 내라고 친구가 조언했다. 내 근심은 더욱 커져만 갔다.

뜨아~! 크... 큰일이다. 내 로봇도 잃어버린 건 아닐까? 삼식이는 나와 마주쳐도 장난감 이야기는 일절 하지 않았다. 혹시, 무슨 문제라도 생긴 걸까? 나는 걱정이 앞섰다.

'무슨 수를 써서라도 돌려받겠어!!'

나는 고민 끝에 집에 돌아가는 삼식이를 몰래 뒤쫓기로 했다.

두근, 두근! 삼식이네 집 앞에 도착했다. 삼식이는 먼저 집 안으로 들어갔다. 나는 현관문 앞에서 한참을 서성이며 망설였다.

'아주머니가 계실 텐데... 뭐라고 하지? 인사는 어떻게 할까? 안녕하세요? 안녕하십니까?'

고민 끝에 무작정 초인종을 눌렀다.

에라잇! 띵동~! 띵동~! 초인종 소리가 끝나기 무섭게 아주머니가 문을 열어 주셨다.

"안녕하셉니까!!" 앗, 나도 모르게 말이 헛나갔다. 아주머니 뒤로 삼식이가 고개를 빼꼼히 내밀었다.

"어? 도원영? 집까지 따라온 거야?"

"아... 아니.... 지나가다가... 그러니까 우연히...."

"너 아까 친구들이랑 장난감 얘기하더니 내가 안 줄까 봐 따라왔구나?"

"아, 아니. 그런 건 아니고. 고... 공부나 같이 하려고~"

"됐고, 잘됐다. 내일 주려고 했는데... 온 김에 가져가. 잠깐만 기다려 줄래?"

삼식이는 책가방을 가져와 무언가를 꺼내기 시작했다. 한참을 뒤적거리더니 삼식이는 무언가를 불쑥 내밀었다.

따란~!! 내가 가장 아끼는 보물 1호, 최애 로봇이 드디어 내 눈앞에 나타났다. 근데, 뭐지? 왜 더 멋있어졌을까? 나는 그제야 알았다. 꾀죄죄하던 모습도 깨끗해졌고, 금 가 있던 부분도 모두 붙어 있었다. 그리고 가장 놀랐던 것은!! 바로, 부서져서 없어졌던 날개가 새로 생겼단 것이었다!!!

"날개 붙이느라 좀 늦었다~ 물론, 내가 한 건 아니지만... 아빠가 퇴근하고 고치느라 오래 걸렸대~"

써 보기 삼식이의 일기

제목:

20 . .   요일

🖉 삼식이의 일기를 상상하여 써 보세요.

이름 박찬민   나의 기분 억울함 ☀ ☁ ☂ ❄

제목: 어디 갔지! 내 킥보드?

　새로 산 물건을 처음 사용할 때, 그 설렘을 잊을 수 있을까? 나는 아껴 뒀던 선물 상자의 포장지를 뜯듯, 조심스럽게 킥보드를 끌고 놀이터로 갔다.

　놀이터는 텅 비어 있었다. 내 킥보드 굴러가는 소리만 들릴 뿐이었다. 나는 신나게 킥보드를 탔다. 시원한 바람이 두 뺨을 스치자 기분이 좋아졌다.

벌컥~! 하고 놀이터 화장실 문이 열렸다. 거기서 삼식이가 불쑥 튀어나왔다. 삼식이는 주변을 두리번거리더니 나와 눈이 마주쳤다.

"뭐야? 왜 내 킥보드를 네가 타고 있어?"

삼식이가 무슨 말을 하는지 몰랐다. 나는 반갑게 인사했다.

"어... 안녕~ 삼식아~!"

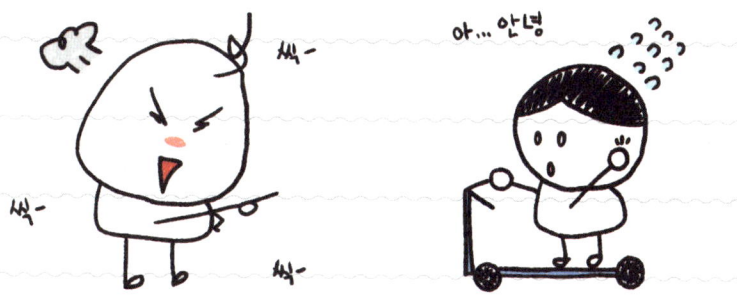

삼식이는 인사도 없이 버럭 화부터 냈다.

"너는 허락도 없이 내 킥보드를 타면 어떡해!"

"무... 무슨 소리야? 네가 무슨 킥보드가 있다고 그래? 네가 킥보드 타는 모습을 본 적이 없는데...."

삼식이는 오늘 새로 산 킥보드를 가지고 나왔다고 했다.

"우씨, 이리 내! 잠깐 화장실 가려고 여기에 세워 놨는데."

이건 내 킥보드라고 몇 번을 말했지만 삼식이는 도무지 듣질 않았다. 내가 놀이터에 왔을 땐 삼식이의 킥보드는 보이지 않았었다. 주변에는 나 말곤 아무도 없었다. 정말 삼식이의 킥보드가 있었던 걸까?

"나 혼자서 킥보드를 타고 있었다고! 난 네 킥보드가 어떻게 된 건지 몰라!"

내 말에 삼식이는 어찌할 바를 모르고 우왕좌왕했다. 그러다 지나가던 아주머니를 붙잡고 물어봤다.

"아주머니 혹시 놀이터에서 다른 아이는 못 보셨나요?"

"어...? 놀이터에서는 못 봤고, 아까 어떤 애가 놀이터 밖에 길거리에서 킥보드 타고 있던데?"

헉! 설마? 역시 우리 말고 다른 누군가가 있었다. 그 아이가 삼식이의 킥보드를 훔쳐 간 범인일까? 우리는 그 아이를 찾아 돌아다니기 시작했다.

골목골목을 다 찾아봤지만 없었다. 눈 씻고 찾아봐도 킥보드를 탄 아이는 보이지 않았다. 삼식이와 나는 허탈한 마음으로 터덜터덜 놀이터로 돌아왔다.

"박찬민! 사실대로 말해! 그거 내 킥보드 맞지??"

"무슨 소리야?! 네 킥보드는 다른 애가 타고 갔...."

"야호~! 두둥! 등장!! 다래님이 나가신다~"

놀이터 입구로 다래가 킥보드를 타고 들어왔다. 다래는 우리 앞에 정확히 멈춰 섰다.

"야, 정삼식 어디 갔다 왔어? 한참 기다렸잖아. 화장실에 있는 줄 알았더니 안 나오더라? 도대체 어딜 갔다 온 거야?"

'뭐... 뭐지...?' 삼식이와 나는 동시에 서로를 쳐다봤다.

다래는 아직도 신이 나 보였다.

"이 킥보드 진짜 잘 나가더라? 어, 근데 찬민이도 똑같은 킥보드네? 서로 헷갈리겠다~ 이름 잘 써 놓고~ 난 이만 간다~"

다래는 뒤도 안 돌아보고 쌩하니 가 버렸다.

나는 삼식이를 노려봤다. 하지만 삼식이는 나와 눈도 마주치지 못하고 애꿎은 킥보드만 살폈다.

"헤헤... 찬... 찬민아. 너... 너도 좋은 킥보드 샀구나~? 하하. 다래는 참, 어디 갔다가 이제 나타난 거람? 괜히 찾아다녔네...."

삼식이는 횡설수설하며 딴 얘기만 늘어놨다. 그게 중요한 게 아닌데... 괜히 나만 의심받았다. 기분이 팍 상했지만, 그래도 텅 빈 놀이터에서 혼자 타는 킥보드보다는 둘이 타는 킥보드가 더 재미있었다.

써 보기 **삼식이의 일기**

제목:

20 . .   요일

✏️ 삼식이의 일기를 상상하여 써 보세요.

이름 조다래   나의 기분 화가 남 ☀ ☁ ❄

제목: 샌드위치와 하이에나들

　룰루랄라~ 나는 즐거운 마음으로 도시락통을 흔들며 교실로 들어섰다. 이 도시락통에는 내가 제일 좋아하는 샌드위치가 들어 있단 말씀! 벌써 샌드위치를 먹을 생각에 군침이 돌았다.

　샌드위치를 가져온 사실을 들키면 하이에나 같은 친구들이 모조리 뺏어 먹을 게 분명했다.

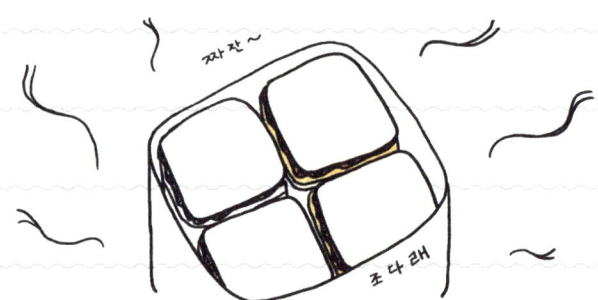

아무도 모르게, 스리슬쩍 도시락 가방을 책상 위에 올려 두었다. 아무도 본 사람 없겠지? 나는 자연스럽게 주변을 둘러보다 원영이랑 눈이 마주쳤다.

'헐... 뭐야 설마 본 건 아니겠지?'

나는 황급히 고개를 돌렸다. 도시락 가방을 책상 걸이에 걸어 두었다. 틈이 날 때마다 샌드위치가 잘 있나 확인했다. 그런데....

누구야!! 누가 내 샌드위치에 손댔어?! 내가 잠깐 자리를 비우고 다시 돌아왔을 땐 도시락 뚜껑이 열려 있었다. 통 안을 확인해 봤더니 샌드위치 4조각 중 1조각이 사라져 있었다. 누가 훔쳐 먹은 거야!! 설마... 도원영? 교실에 들어올 때부터 내 도시락 가방을 쳐다보더니....

원영이는 내 가방이 바뀐 거 같아서 쳐다본 거라고 말했다. 내 도시락통을 본 게 아니고??!

"원영아~ 너 아침 먹었어?"

"아니, 왜?"

"그럼 배고프겠다~?"

"그렇지, 배고프지...."

그래서 내 샌드위치를 먹은 걸까? 나는 실눈을 뜨며 원영이를 빤히 쳐다봤다.

얼마 지나지 않아, 어?! 뭐야!!! 또 샌드위치가 사라졌다. 이제 남은 샌드위치는 2조각뿐이었다. 나는 의심할 것도 없이 원영이를 노려봤다.

'진짜~! 도원영...!!!?'

그때!! 자세히 보니 원영이 입가에 빵가루가 묻어 있었다. 저건 분명 내 샌드위치를 먹었다는 증거였다!

자리를 박차고 일어나 원영이에게 단숨에 뛰어갔다. 내 도시락을 호시탐탐 노리더니... 입에 묻은 빵가루며... 아침도 안 먹었다더니!!

"야! 도원영 너 내 샌드위치 먹었지?!"

원영이는 억울하다는 듯 슬며시 빵 봉지를 내게 보여 줬다. 아침을 안 먹어서 집에서 가져온 빵이라고 했다. 어라? 그래~?

그런데 원영이는 계속 내 눈을 피하는 것만 같았다.

안 되겠다! 함정을 놔야겠어! 나는 책상 위에 보란 듯이 도시락 뚜껑을 열어 놓은 채 교실 밖으로 나갔다. 복도에 서서 창문으로 조용히 지켜봤다. 과연 누가 내 샌드위치를 먹는지 지켜봐야지~

바로 그때, 그... 그럼 그렇지! 원영이가 내 책상 주변을 어슬렁거렸다. 원영이가 도시락을 집어 드는 순간 나는 교실 안으로 뛰어 들어갔다.

도시락을 만지작거리는 원영이의 등짝을 후려치며 말했다.

"당장 내려놓지 못해?!!"

원영이는 깜짝 놀라 들고 있던 도시락통을 내려놓았다. 나는 허겁지겁 샌드위치를 확인하려고 했다. 그런데 이게 웬걸? 도시락은 깔끔하게 뚜껑이 닫힌 채로 가방에 쏙 들어가 있었다.

"나 아니라고! 또 누가 먹으면 나한테 뭐라 할 거잖아~! 그래서 정리해 준 거야!"

원영이는 등을 문지르며 짜증스럽게 말했다.

"아니~~ 그러면 도대체 누가 먹은 건데~!"

그 시각, 이 둘을 지켜보는 또 다른 두 명이 있었다. 바로, 삼식이와 찬민이!

"다래는 아직 우리가 먹은 줄 모르나 봐~"

"쉿! 조용히 해! 우린 걸리면 죽은 목숨이라고...!"

써 보기 원영이의 일기

제목:

20 . .   요일

✏️ 원영이의 일기를 상상하여 써 보세요.

| 이름 도원영 | 나의 기분 깨달음 ☀ ☁ ☂ ❄ |

제목: 뒤바뀐 축구공

땅~! 땅~! 땅~! 텅 빈 복도를 걸으며 축구공을 튕겼다. 축구공은 로켓처럼 높이 솟아올랐다. 그래, 틀림없이 내 공에는 아무런 문제가 없었다. 삼식이와 부딪히기 전까지는….

우당탕~! 뒤에서 공을 차며 뛰어온 삼식이와 부딪혔다. 그 탓에 나는 튕기던 공을 놓치고 말았다. 삼식이가 차던 공은 내 공과 뒤섞였다. 나는 별생각 없이 공을 주워 들며 삼식이에게 조심하라고 말했다.

나는 교실로 들어서 자리에 앉았다. 여느 때와 똑같이 축구공 주머니를 책상에 걸고 있었다. 그때, 삼식이가 내게 뛰어오더니 말했다.

"원영아! 축구공 바뀌었어."

응? 축구공이? 나는 축구공 주머니를 살펴봤다. 그럴 리가 없었다. 내가 튀기던 공을 잘 집어 들었기 때문이었다. 설마, 내가 내 축구공도 못 알아볼까 봐?

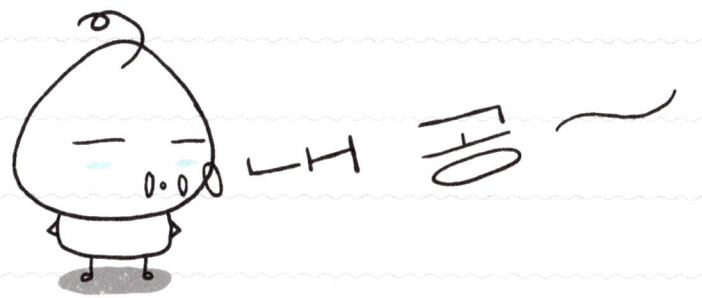

삼식이는 어서 꺼내 보란 듯이 내 축구공 주머니를 가리켰다. 자신과 부딪혔을 때 뒤바뀐 것 같다고 했다. 나는 귀찮았고, 삼식이가 또 억지를 부린다고 생각했다.

"아니야, 내가 집에서부터 가져온 내 공이 맞아! 내가 계속 팅기면서 왔는데 무슨 소리야."

내 말에도 아랑곳하지 않고 삼식이는 자꾸 꺼내 보라고 했다.

삼식이는 내 자리에서 물러날 기미가 없어 보였다. 나는 하는 수 없이 주머니를 열어 축구공을 꺼내 보여 줬다.

"자, 봤지? 내 공 맞잖아~"

기다렸다는 듯이 삼식이도 자신의 공을 꺼내 보여 줬다. 난 순간 당황했다. 삼식이의 공은 내 공과 완전히 똑같았다. 특별한 그림이나, 글자 없이 흰색과 검정색으로만 이루어진 축구공이었다.

물컹물컹~ 삼식이는 자신의 축구공을 누르면서 말했다.

"내 축구공은 이렇게 물렁거리지 않았다고~ 이거 분명 바뀐 거야, 내놔!"

"무슨 소리야. 내 축구공도 로켓처럼 잘 튀어 올랐다고!"

삼식이는 내가 마치 물컹거리는 축구공을 일부러 바꿔치기라도 한 것처럼 말했다.

"정삼식! 그럼 내가 일부러 바꿔치기라도 했다는 거야?"

삼식이는 대꾸도 없이 "네 공이 탱탱했는지 내가 어떻게 알아?!"라고 말했다. 나는 흠집이 난 부분을 보여 주며 이게 내 것이라는 증거라고 말했다.

"흠집 없는 축구공이 어디 있어? 흠집이 네 공에만 있는 것도 아니고."

삼식이는 흠집이 나 있다고 네 공이라는 증거가 될 수 없다고 말했다. 그러고는 삼식이 자신의 공을 이리저리 돌려 가며 흠집을 찾아 보여 주었다.

이... 이런!! 진짜 똑같이 흠집이 나 있었다. 그것만으로는 어떤 게 누구의 공인지 구별하기 어려웠다. 그렇다고 저 물컹하고, 바람 빠진 축구공이 내 것일 리 없었다.

"그래, 흠집은 있다고 쳐, 근데 아니라니까~ 아무튼 아니라고!"

삼식이는 어쩔 도리가 없다는 듯 마지막 말을 내뱉었다.

"그래, 그럼, 선생님께 말씀드리는 수밖에!!"

"좋아. 그럼 선생님께 가서 확인해 보든지! 그렇다고 이 공이 네 공이라는 증거도 없잖아, 정삼식! 내 공은 그렇게 바람이 빠져 있지 않았다고!!"

"내 공도 마찬가지라고!! 산 지 얼마 되지도 않은 공인데!!"

우리는 탱탱한 공이 서로의 것이라 주장하며, 한 걸음도 물러서지 않았다.

그때, 지나가던 다래가 싸우고 있는 우리 둘의 모습을 보면서 툭 하니 말을 던졌다.

"아니, 그렇게 똑같은 거면 바람만 채우면 되는 거 아냐? 바보, 멍청이들~"

"오잉~?!"

삼식이와 나는 서로를 바라보며 손뼉을 쳤다. 생긴 것도, 스크래치가 난 것도 완벽하게 똑같으니 바람만 채우면 되는 일이었다. 다래야~ 혹시 너 천재니?

써 보기　**삼식이의 일기**

제목:

20 . .　　요일　　　　　☀ ☁ ☂ ❄

✏ 삼식이의 일기를 상상하여 써 보세요.

"싸움은
오해를 더 크게 만든다
-앙드레 지드

이름 **정삼식**　나의 기분 **후회됨**

제목: **수상한 독서광**

　나와 다래는 학교 도서실에서 도우미 활동을 시작했다. 우리는 서가 정리, 쓰레기 줍기를 담당했다. 그런데 어느 날부터 도서실에서 이상한 일이 생겼다. 누군가 책을 도둑질해 가고 있었다.

　'어떤 녀석이 도서실 책을 훔쳐 가는 거야?'

나는 원영이가 의심스러웠다. 왜냐하면 원영이가 도서실에 나타나기 시작했을 때부터 책이 없어졌기 때문이다. 그리고 도원영은 평소에 운동을 좋아했다. 책은 쳐다보지도 않았다. 그런데 그 녀석이 요즘에 틈만 나면 도서실에 나타났다.

'그래, 도원영! 범인은 바로 너야!!'

그래서 나는 원영이를 훔쳐보기 시작했다. 원영이는 지켜볼수록 더욱 수상했다.

부스럭부스럭... 원영이는 계속 책만 고르고 있었다. 책은 읽지도 않으면서!

'저 자식이.... 계속 책을 뺐다가 집어넣었다가....'

나는 점점 의심이 쌓여만 갔다.

나는 도원영에게 말을 걸었다. 그러자 원영이가 화들짝 놀랐다.

"넌 왜 책은 안 읽고 책을 꺼냈다가 다시 집어넣는 거야?"

"아니, 책이 재미가 없잖아!"

원영이는 책을 집어넣고 황급히 도서실을 나가 버렸다.

방과 후 원영이는 다시 도서실에 왔다. 나는 다래와 함께 책장을 정리하고 있었다. 다래에게 요즘 원영이의 행동이 수상하다고 말했다. 다래는 내 말이 맞는 것 같다고 했다. 우리 둘은 원영이가 책을 훔쳐 가면 그때 동시에 잡자고 했다.

"좋았어! 드디어 범인을 잡게 되는구나!"

"책을 훔쳐 가는 건 정말 나쁜 행동이야!! 가만두지 않겠어!!"

그때, 원영이가 책을 들고 가방에 넣는 행동을 취했다. 나와 다래는 이때다 싶어서 달려들었다.

"범인 잡았다! 이 책 도둑!"

"그게 무슨 소리야?! 책 도둑이라니!"

원영이는 시치미를 뗐다. 다래는 원영이 목에 헤드록을 걸었다.

"제대로 말 안 해? 지금, 네가 책을 가방에 넣으려고 했잖아!"

"오해... 오... 해야!!"

원영이는 책을 가방에 넣으려고 했던 게 아니라, 전화가 와서 휴대폰을 꺼내려고 했던 거라고 했다. 그래서 우리는 확인해 봤다. 정말로 부재중 전화가 와 있었다.

"요즘 네 행동이 수상했잖아! 도서실에 와서 책은 왜 읽지도 않고 가는 거야!?"

"그건... 그건 말이야...."

원영이는 얼굴이 빨개졌다. 사실은 다래를 보기 위해서 도서실에 왔다고 말했다. 그리고 자기를 처음부터 범인으로 의심했냐며 서운하다고 했다.

원영이는 의기소침해서 집에 가겠다고 했다. 생각해 보니 원영이 앞에 다래가 늘 있었다. 나는 그것도 모르고 제일 친한 친구를 의심했다. 원영이가 얼마나 창피했을까? 내가 조금 더 신중했어야 했다. 하.... 이게 다 책 도둑 때문에 일어난 일이다!

써 보기 원영이의 일기

제목:

20 . .   요일

원영이의 일기를 상상하여 써 보세요.

이름 정삼식   나의 기분 미안함

제목: 스러진 우정

오늘 체육 시간에 <고깔 지키기> 게임을 했다. <고깔 지키기>는 우리 팀 고깔이 상대 팀 고깔보다 많이 세워져 있으면 이기는 게임이다.

이 게임은 원영이가 정말 잘했다. 그래서 원영이랑 같은 팀이 되면 백전백승이었다. 그런데 오늘 도원영 때문에 이 게임에서 졌다. 분명 일부러 진 게 확실하다.

내가 이렇게 생각하는 데는 이유가 있다. 일주일 전, 나는 원영이와 풋살을 했다. 우리는 같은 팀이었다. 그런데 내가 그만 자책골을 넣어 버렸다.

그래서 우리 팀이 졌다. 승부욕 강한 도원영은 나에게 엄청 화를 냈다.

"정삼식! 게임에서 지면 얼마나 기분이 나쁜지 알아??"

"왜 그렇게까지 화를 내냐? 질 수도 있지!"

"게임은 이기려고 하는 거라고!!!"

나의 무덤덤한 반응에 원영이는 더 화를 냈다. 그리고 나한테 똑같이 이 기분을 느끼게 해 줄 거라고 말했다. 나는 그 '복수의 날'이 오늘이라고 생각했다.

<고깔 지키기> 게임이 시작되기 전, 우리는 출발선에 서 있었다. 나와 원영이가 파랑 팀, 찬민이와 다래가 빨강 팀이었다. 체육 선생님의 호루라기에서 삐~익 소리가 울렸다. 우리는 재빨리 경기장 안에 있는 고깔로 달려갔다.

'원영이가 있으니까. 우리는 이길 수밖에 없지.'

처음에는 파란 고깔이 더 많이 세워져 있었다. 그런데 다래와 찬민이의 팀워크가 환상이었다. 다래는 파란 고깔을 넘어뜨리고 찬민이는 내가 넘어뜨린 빨간 고깔을 빠르게 세웠다. 우리 팀이 지고 있었다. 나는 도원영을 쳐다봤다. 도원영이 아주 설렁설렁 움직이고 있었다.

"야 도원영!! 뭐 해!! 빨리 움직여!!"

나는 빨간 고깔을 넘어뜨리며 말했다. 그런데 그 녀석은 허리도 숙이지 않고 파란 고깔을 세우려고 했다. 파란 고깔은 세워지다가도 다시 쓰러졌다.

'저 녀석, 지금 복수하는 거야?!! 아 진짜!!'

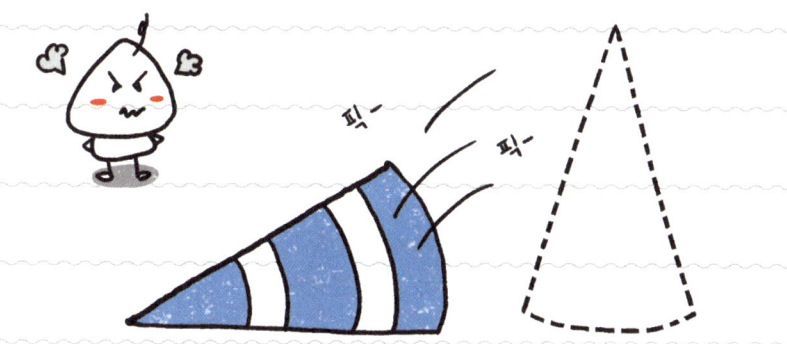

나는 고깔을 넘어뜨리는 걸 멈추고 도원영에게 달려갔다. 정말 보자 보자 하니까! 나는 도원영의 어깨를 밀쳤다.

"야, 도원영! 지금 복수하는 거야?"

"아니, 그런 게 아니라...."

"뭐가 아니야!!!"

"머리가 어지러워...."

"갑자기 머리가 아프다고? 그걸 믿으라는 거야??"

그런데 그때, 원영이가 내 앞으로 고꾸라졌다.

"원영아!! 도원영!!"

그날 원영이는 응급실로 실려 갔다. 사실 우리는 풋살 경기 이후로 대화를 하지 않았다. 그래서 원영이가 아픈 줄 몰랐다.

나는 원영이가 복수를 하기 위해 핑계를 대는 줄로만 알았다.... 원영이가 진짜 아팠다니... 어깨는 밀치지 말걸.... 정말 너무 미안하다....

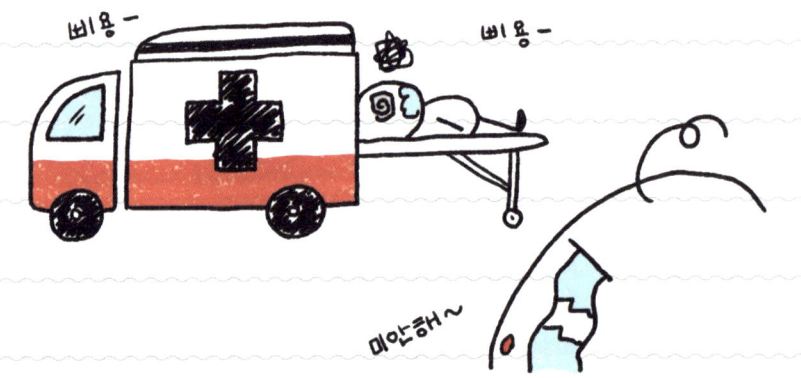

써 보기 원영이의 일기

제목:

20 . .   요일

🖉 원영이의 일기를 상상하여 써 보세요.

이름 정삼식   나의 기분 미안함

제목: 놓쳐 버린 물고기들

여름 방학을 맞이해서 찬민이네 가족과 함께 계곡에 놀러 갔다. 계곡에는 폭포도 있고 자갈도 있고 물고기도 있었다. 특히, 투명한 물 아래로 헤엄치고 있는 물고기들이 엄청 많았다. 그래서 우리는 물고기를 잡기로 했다!

"나는 7살 때부터 물고기 많이 잡아 봤어."

"나는 6살 때부터 잡았거든~"

찬민이는 나보다 더 어릴 적부터 물고기를 잡아 봤다고 떵떵거렸다. 나는 찬민이의 허세를 눈 뜨고 봐 줄 수가 없었다.

"물고기 많이 못 잡는 사람이 꿀밤 맞기?"

"좋아! 삼식이~ 너 아프다고 울면 안 돼~~"

까불거리는 찬민이가 정말 얄미웠지만, 난 자신이 있었다.

때마침 엄마가 잠자리채가 있다고 했다. 그래서 우리는 잠자리채를 받고 계곡으로 달려갔다. 나는 잠자리채를 물속에 집어넣으며, 찬민이를 봤다.

찬민이는 물고기 잡기에 정신이 팔려 있었다.

'절대 질 수 없지!'

우리는 서로 지지 않기 위해서 물고기 잡기에 열중했다. 그런데 물고기가 정말 빨랐다. 내가 '휙' 하고 잡으려고 하면 어느새 물고기가 스르륵 하고 그물망을 빠져나갔다.

'아... 생각보다 쉽지 않네....'

찬민이를 힐끗 쳐다봤다. 찬민이도 나처럼 힘들어하는 것 같았다.

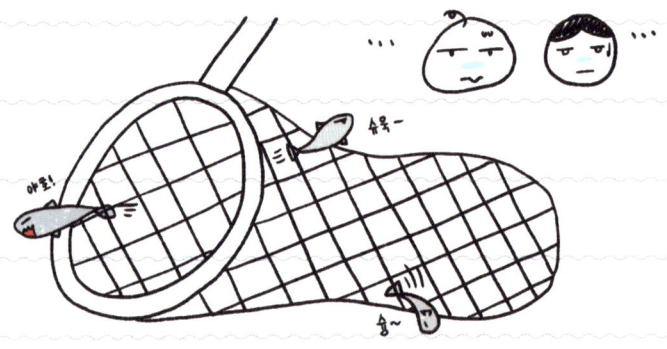

"물고기 한 마리 잡았다!!!"

찬민이의 외침이 내 머릿속을 뚫었다. 나는 마음이 조급해졌다. 수면 아래로 물고기를 뚫어져라 쳐다봤다. 그 사이 찬민이는 또 물고기를 잡았다.

'벌써 두 마리나 잡았잖아?'

난 급한 마음에 물속에서 잠자리채를 이리저리 휘저었다. 물고기는 내 움직임을 읽기라도 한 것처럼 요리조리 피해 갔다. 이 기세라면 나는 찬민이에게 꿀밤을 맞고, 찬민이의 자랑을 실컷 들어줘야 했다.

'물고기들아~ 제발, 나한테도 와 주라~'

나는 찬민이를 이기기 위해서 물고기한테 애원까지 했다!

갑자기 의심스러웠다. 정말로 찬민이가 물고기를 잡았을까? 어떻게 이렇게 빠른 물고기를 잡을 수 있지? 잡은 척, 소리만 지른 것일 수도 있잖아? 나는 직접 찬민이의 물고기 통을 확인하기로 했다.

한발 한발 힘차게 물살을 가로지르며 찬민이의 통 앞으로 갔다. 그런데 내 걸음으로 생긴 물살이 찬민이의 통을 엎어 버렸다.

물고기 두 마리가 유유히 통에서 벗어났다....

"야, 정삼식!! 뭐 하는 거야!!"

"아니, 나는 물고기를 정말 잡았는지 궁금해서 왔는데...."

찬민이가 노발대발했다. 나는 내 눈으로 직접 확인하고 싶었다고 말했다. 찬민이는 꼭 지금 왔어야 했냐면서 화를 냈다.

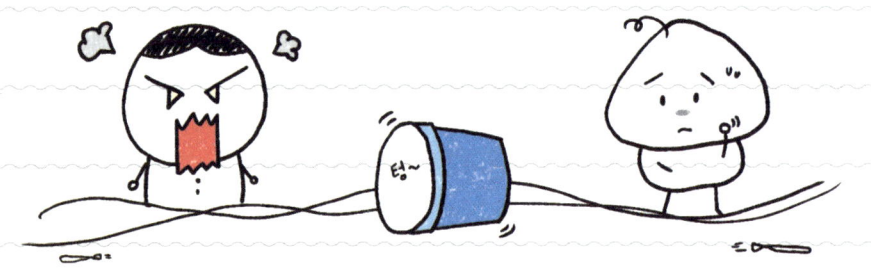

"너 일부러 내 물통을 엎은 거지!!"

"아니야... 정말 실수였어... 미안해...."

"거짓말하지 마!! 나 낚시 안 할 거야!!"

찬민이는 캠핑장으로 가 버렸다. 아... 처음부터 찬민이의 물고기 통에 호기심을 가지지 말걸... 후회가 밀려왔다. 어떻게 하면 찬민이의 화를 풀 수 있을까?

써 보기 **찬민이의 일기**

제목:

20 . . 요일

✎ 찬민이의 일기를 상상하여 써 보세요.

이름 도원영 나의 기분 후회됨

제목: 울음소리가 들려!

우리는 엄마 없는 강아지에게 서로 돌아가면서 밥을 주기로 했다. 하지만 삼식이가 밥을 주기로 한 날, 강아지가 감쪽같이 사라졌다. 나는 삼식이 때문에 강아지가 사라졌다고 의심했다.

그날 삼식이와 나는 놀이터에서 술래잡기를 하고 있었다. 그때, 어디선가 강아지 울음소리가 들렸다.

"원영아, 어디서 강아지 소리 안 들려?"

"저기서, 나는 소리 같은데?"

우리는 소리가 나는 쪽으로 갔다. 그곳에는 자그마한 강아지가 있었다.

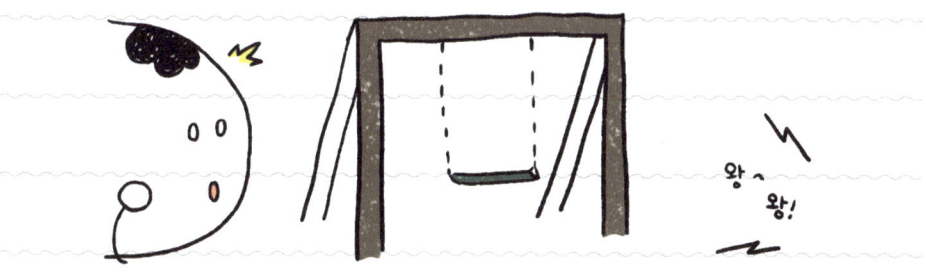

"엄마가 없나…? 왜 여기 혼자 있지?"

"엄마 강아지가 곧 오겠지. 기다려 보자~"

나는 강아지가 걱정됐다. 우리는 강아지랑 놀면서 엄마 강아지를 기다렸다. 하지만 엄마 강아지는 시간이 지나도 오지 않았다. 강아지는 계속 낑낑거렸다.

우리는 편의점에서 사료를 사 왔다. 강아지에게 사료를 주자 배가 고팠는지 허겁지겁 먹었다.

"우리, 이 강아지에게 주인 생길 때까지 서로 돌아가면서 밥 주는 거 어때?"

"난 시간 없어서 못 할 것 같아."

삼식이는 학원 때문에 바쁘다고 거절했다. 하지만 나 혼자서 돌보는 건 무리였다.

"삼식아~ 제발! 나 혼자서는 무리야!"

"학원 때문에 피곤해서 못 한다고...."

"우리가 같이 발견했잖아! 제발!! 내 마지막 부탁!!"

"에휴... 알겠어...."

우리는 일주일 동안 서로 번갈아 가면서 강아지를 돌봤다.

그런데 삼식이가 당번이던 날, 강아지가 사라졌다. 삼식이는 이 사실을 알려 주려고 우리 집으로 찾아왔다. 나는 집을 뛰쳐나와 강아지를 찾으러 다녔다.

'멍멍아... 어디로 사라진 거니?'

어디에도 강아지가 보이지 않았다. 나는 삼식이가 원망스러웠다.

"야, 정삼식! 네가 제때 안 오니까 강아지가 사라졌잖아!"

"학원 끝나고 여기까지 오는 게 쉬운 줄 알아??!!"

우리는 놀이터 한복판에서 싸웠다. 나는 매일 학원 때문에 조금씩 늦게 오는 삼식이한테 불만이 쌓여 있었다.

삼식이가 제때 왔더라면, 강아지는 사라지지 않았을 거다.

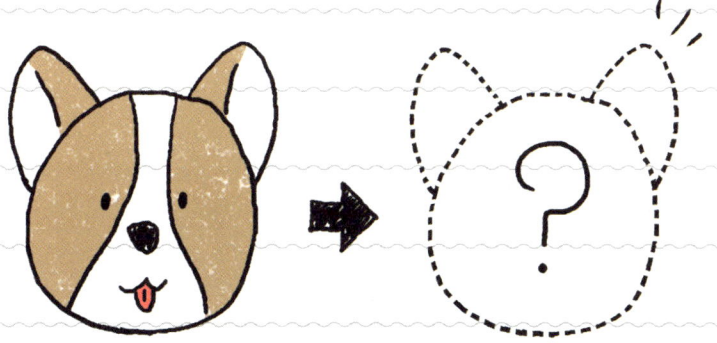

"강아지는 널 별로 좋아하지 않았어! 그래서 너를 피해 도망간 거라고!!"

"뭐? 넌 무슨 말을 그렇게 하니?"

그때 우리의 싸움을 지켜보시던 놀이터 터줏대감 할아버지가 오셨다.

"에헴, 다들 무엇 때문에 그리 싸워요~"

"놀이터에 있던 강아지가 없어졌어요!"

"그 강아지는 주민센터에서 데려갔어요~"

삼식이의 잘못이 아니었다. 강아지가 더 크면 위험하기 때문에 나라에서 보호해 주기 위해서 데려간 것이었다. 그리고 삼식이는 앞으로 내 부탁은 절대로 들어주지 않을 거라고 말했다. 화가 난 삼식이는 씩씩대며 집으로 돌아갔다.

나는 삼식이에게 정말로 미안했다. 바쁜 와중에도 내 부탁을 성실히 들어줬는데... 너무 나만 생각했던 걸까?

써 보기 삼식이의 일기

제목:

20 . .   요일

✏️ 삼식이의 일기를 상상하여 써 보세요.

이름 **정삼식** 나의 기분 **후회됨**

제목: 오! 인어공주! 어? 인어공주?

주말에 원영이와 함께 아쿠아리움에 갔다. 원영이는 아쿠아리움에서 진행하는 인어공주 쇼를 기대하고 있었다.

"삼식아, 인어공주 쇼 몇 시에 시작하지?"

"4시에 할 걸?!"

사실 공연 시간이 가물가물했다. 이때 나는 재차 확인했어야 했다. 하지만 난 너무 안일했다.

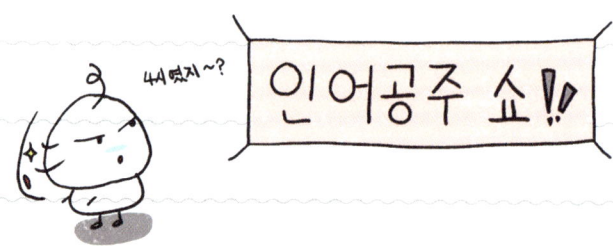

우리는 아쿠아리움에 도착했다. 온통 푸른색으로 이루어진 거대한 수족관이 눈앞에 펼쳐졌다. 원영이와 나는 감탄사를 연발했다.

"우와~, 저기 봐 가오리도 있어!"

"와! 저기에는 상어도 있네?"

아쿠아리움에는 상어, 문어, 벨루가 외에도 물개도 있고, 펭귄도 있었다. 그리고 내 손만 한 물고기도 많았다. 에인절피쉬, 니모, 구피! 다양한 열대어들이었다.

"삼식아, 지금 4시야! 인어공주 보러 가자"

"내가 알기론 마지막 공연이 5시야! 조금만 더 구경하고 마지막 공연 보자!"

"음... 확실해? 지금 사람들 다 보러 가는 것 같은데...."

"에이~ 확실하대도! 나만 믿어!"

다른 물고기를 구경할 때도 원영이는 인어공주 쇼만 이야기했다.

"삼식아, 진짜 5시 공연이 마지막 쇼라는 거지?"

"에이~그렇대도 그러네!"

"왜 이렇게 불안하지...? 아까보다 사람도 없는 것 같아."

"아니야, 네가 지금 인어공주가 너무 보고 싶어서 그래!"

나는 원영이를 달래며 수족관을 마저 구경했다.

최첨단 테마에는 수족관 안에서 로봇 물고기가 헤엄치고 있었다. 나는 로봇 물고기에서 눈을 뗄 수가 없었다.

"우와, 로봇이 어떻게 물 안에서 헤엄치지! 정말 신기하다. 그치?"

원영이는 내 말을 듣지 않고 시계를 봤다. 아무래도 인어공주 쇼를 보러 가야 할 것 같았다.

나는 원영이를 데리고 공연장으로 갔다. 그런데 사람들이 별로 없었다. 아직 공연 시간이 30분이나 남아서 없는 거라고 생각했다. 하지만 30분이 지나도 사람들이 없었다. 공연은 시작될 기미도 보이지 않았다.

"삼식아, 진짜로 5시에 공연하는 거 맞아?"

"그럼, 당연하지! 한번 확인하고 올게."

나는 공연 시간을 확인하러 게시판으로 갔다. 그런데 주말에는 마지막 공연 시간이 4시였다!! 나는 쭈뼛쭈뼛 원영이에게 다가갔다. 확인해 보니 마지막 공연 시간이 4시였다고 말했다.

"뭐??? 그러니까 내가 아까 가자고 했잖아!!"

"미안해... 내가 시간을 잘못 봤어... 평일과 주말이 다를 줄이야...."

"너 일부러 나 공연 못 보게 하고 싶었던 거 아니야???"

"아니야...!! 내가 시간을 착각했어... 미안해...."

"이게 뭐야?! 너 때문에 다 망쳤잖아!!! 내가 인어공주를 얼마나 보고 싶었는데!"

원영이는 울먹거렸다. 나는 정말로 난처했다.

"나 집에 갈래! 실컷 구경이나 해라!"

"원영아! 어디가??? 같이 가!"

원영이랑 같이 집에 가면서 우리는 한마디 말도 하지 않았다. 그리고 나는 후회했다. 처음부터 시간을 제대로 확인했다면 좋았을걸... 나는 왜 내 기억만 믿었을까... 한 번 더 확인해 볼걸....

써 보기 원영이의 일기

제목:

20 . .   요일

원영이의 일기를 상상하여 써 보세요.

내가 만약 주인공이라면
어떤 일기를 쓰게 될까?

1판 1쇄   2024년 9월 1일

저 자   Team. StoryG
펴낸곳   OLD STAIRS
출판 등록   2008년 1월 10일 제313-2010-284호
이메일   oldstairs@daum.net

가격은 뒷면 표지 참조
ISBN 979-11-7079-031-0(73800)

이 책의 전부 또는 일부를 재사용하려면 반드시 OLD STAIRS의 동의를 받아야 합니다.
잘못 만들어진 책은 구매하신 서점에서 교환하여 드립니다.

공통안전기준 표시사항

- **품명** : 도서   · **재질** : 지류
- **제조자명** : Oldstairs   · **제조국명** : 대한민국
- **제조연월** : 2024년 9월
- **주소** : 서울특별시 마포구 양화로12길 24, 4층
- **KC인증유형** : 공급자적합성확인

KC마크는 이 제품이 공통안전기준에 적합하였음을 의미합니다.
책 모서리에 찍히거나 책장에 베이지 않게 조심하세요.